Gilles Deleuze

IGOR KRTOLICA

puf

À lire également en
« Que sais-je ? »

Frédéric Gros, *Michel Foucault*, n° 3118.
Jean-François Mattéi, *Platon*, n° 880.
Pierre-François Moreau, *Spinoza et le spinozisme*, n° 1422.
Jean-Louis Vieillard-Baron, *Bergson*, n° 2596.

ISBN 978-2-13-060848-6
ISSN 0768-0066

Dépôt légal – 1re édition : 2015, août

6, avenue Reille, 75014 Paris

TABLE DES ABRÉVIATIONS

ES	*Empirisme et subjectivité*, Paris, Puf, 1953.
II	*Instincts et institutions*, Paris, Hachette, 1953.
PCK	*La Philosophie critique de Kant*, Paris, Puf, 1953.
NPh	*Nietzsche et la philosophie*, Paris, Puf, 1962.
PS	*Proust et les signes*, Paris, Puf, 1964 ; rééd. augmentée 1976.
N	*Nietzsche*, Paris, Puf, 1965.
B	*Le Bergsonisme*, Paris, Puf, 1966.
PSM	*Présentation de Sacher-Masoch*, Paris, Minuit, 1967.
DR	*Différence et répétition*, Paris, Puf, 1968.
SPE	*Spinoza et le problème de l'expression*, Paris, Minuit, 1968.
LS	*Logique du sens*, Paris, Minuit, 1969.
SPP	*Spinoza*, Paris, Puf, 1970 ; rééd. augmentée *Spinoza. Philosophie pratique*, Paris, Minuit, 1981 ; « Reprise », 2003.
AŒ	*L'Anti-Œdipe. Capitalisme et schizophrénie*, avec F. Guattari, Paris, Minuit, 1972 ; 2e éd. augmentée 1973.
K	*Kafka. Pour une littérature mineure*, Paris, Minuit, 1975.
D	*Dialogues*, avec C. Parnet, Paris, Flammarion, 1977 ; rééd. augmentée 1996.
MP	*Mille Plateaux. Capitalisme et schizophrénie 2*, avec F. Guattari, Paris, Minuit, 1980.
FBLS	*Francis Bacon. Logique de la sensation*, Paris, La Différence, 1981 ; rééd. Paris, Seuil, 2002.

IM	*L'Image-Mouvement*, Paris, Minuit, 1983.
IT	*L'Image-Temps*, Paris, Minuit, 1985.
F	*Foucault*, Paris, Minuit, 1986.
P	*Le Pli. Leibniz et le baroque*, Paris, Minuit, 1988.
PV	*Périclès et Verdi. La philosophie de François Châtelet*, Paris, Minuit, 1988.
Pp	*Pourparlers (1972-1990)*, Paris, Minuit, 1990 ; rééd. « Reprise », 2003.
QPh	*Qu'est-ce que la philosophie ?*, avec F. Guattari, Paris, Minuit, 1991.
E	*L'Épuisé*, Paris, Minuit, 1992.
CC	*Critique et clinique*, Paris, Minuit, 1993.
ID	*L'Île déserte. Textes et entretiens (1953-1974)*, Paris, Minuit, 2002.
DRF	*Deux Régimes de fous. Textes et entretiens (1975-1995)*, Paris, Minuit, 2003.

PREMIÈRE PARTIE

LA VIE ET L'ŒUVRE DE DELEUZE

Chapitre premier

LA VIE

Deleuze dit de lui-même que « les vies des professeurs sont rarement intéressantes » (*Pp*, p. 188). Mais derrière un professeur se cache parfois un penseur, et Deleuze fut lui-même passionné par la vie des penseurs. Si l'on admet que l'intérêt d'une vie réside dans les voyages, il est vrai que la vie des penseurs ne serait guère passionnante. Sauf que la pensée implique des voyages qui ne se font pas en extension mais en intensité – aventures d'autant plus prodigieuses, mouvements d'autant plus terribles, métamorphoses d'autant plus secrètes. Or, Deleuze fut des rares qui atteignirent pour leur compte ce point extrême où l'existence devient indiscernable de la pensée, où l'une passe dans l'autre, au point où la vie devient entièrement philosophique, et la philosophie absolument vivante.

Nous ne devons donc pas redouter de comprendre une vie philosophiquement, comme si les contingences et les singularités de l'expérience devaient rester rebelles au concept. Peut-être la philosophie n'a-t-elle d'ailleurs d'autre tâche que d'élever l'expérience au niveau du concept, d'en construire la logique. La logique d'une vie est celle d'un drame, et tout drame comporte des moments. Ces moments se succèdent et forment les aventures d'une vie, mais ils coexistent aussi bien dès le départ, au moins virtuellement. Deleuze crut légitime de retracer la vie de Nietzsche en lui appliquant les trois métamorphoses d'*Ainsi parlait Zarathoustra*, « comment l'esprit devient chameau, comment le chameau devient lion, et comment enfin le lion devient enfant » (*N*, p. 5-16) : le chameau est l'animal qui porte le poids des valeurs établies, mais il les porte dans le désert, où il se transforme en lion ; le lion est l'animal qui détruit les idoles et mène la critique de toutes les valeurs établies ; l'enfant est Jeu et nouveau commencement, créateur de nouvelles valeurs. Il ne semble pas moins légitime de retracer la vie de Deleuze en lui appliquant la « structure triadique du drame » dégagée dans *Différence et répétition*, structure qui définit tout autant les aventures du moi que l'histoire du temps, l'histoire d'un esprit que l'histoire de l'esprit (*DR*, p. 119-126) : le passé ou l'avant est le moment où l'action reste « trop grande pour moi », où je suis rejeté dans le passé tant que je l'éprouve ainsi (je n'ai pas encore commencé à vivre parce que la vraie vie est devant moi) ; le présent ou la césure est le moment de la « métamorphose du moi », où le moi dédoublé devient capable de l'action (le moi est divisé en déjà-passé et encore-à-venir parce qu'il est déjà trop tard pour reculer et encore trop tôt pour crier victoire) ; enfin, l'avenir ou l'après est le moment qui découle de l'action formidable, où la création de l'œuvre se confond avec la « dissolution du moi » (le moi est dissous dans l'œuvre comme recommencement ou recréation du monde).

Gilles Deleuze naît le 18 janvier 1925 dans le 17e arrondissement de Paris[1]. Son frère aîné, Georges, est né trois ans plus tôt. Leur père, Louis Deleuze, est un ingénieur et entrepreneur que la crise économique des années 1930 conduira à se faire embaucher dans une fabrique d'aéronefs. Homme de droite proche du mouvement des Croix-de-Feu, Louis Deleuze partage la haine de son milieu envers le juif Léon Blum, devenu chef du gouvernement. Leur mère, Odette Camaüer, est une femme au foyer qui partage les idées politiques de son mari. Comme lui, à l'été 1936, elle s'indigne devant l'invasion populaire des lieux jusque-là réservés à une certaine élite. Toute la famille se trouve d'ailleurs en vacances à Deauville lorsque la guerre éclate. Les parents décident alors d'y laisser Gilles en pension, afin qu'il y poursuive sa scolarité. Cette année d'étude dans un hôtel-pension de Deauville est l'occasion d'un premier éloignement d'avec le milieu familial.

Élève jusque-là médiocre et trompant mal son ennui, Deleuze y rencontre un jeune professeur de lettres, Pierre Halbwachs, qui lui fait découvrir avec enthousiasme la littérature française. L'année suivante, il rentre à Paris et retrouve le lycée Carnot : il découvre cette fois la philosophie et devient rapidement un élève brillant. Avec ses congénères Michel Tournier et Pierre Klossowski, il se fait inviter dès 1943 aux décades organisées par Marie-

1. Nous devons au travail de François Dosse la plupart des informations biographiques sur Deleuze dont nous disposons aujourd'hui : voir F. Dosse, *Gilles Deleuze et Félix Guattari. Biographie croisée*, Paris, La Découverte, 2007.

Magdeleine Davy dans une grande propriété de la région parisienne, puis aux réunions mensuelles qui se tiennent à Paris chez Marcel Moré, deux lieux où se croisent parmi les plus grandes figures intellectuelles de l'époque (Senghor, Bachelard, Gandillac, Wahl, Hyppolite, Butor, Bataille, Kojève, Sartre…). Déjà, sa grande intelligence le rend redoutable auprès de ses amis et attire l'attention de ses aînés. Deleuze semble s'être trouvé un nouveau milieu d'existence. Surtout que, en juillet 1944, son frère meurt. Entré à l'école militaire de Saint-Cyr pour devenir officier, Georges s'est engagé dans la résistance et s'est fait arrêter par les Allemands. Il trouve la mort en déportation, dans le convoi qui l'emmène en Allemagne. Profondément affecté, Deleuze n'en continue pas moins de s'éloigner du cercle familial : il ne supporte guère le culte exclusif voué à son frère, héros et martyr, unique objet de l'admiration de ses parents. D'autant que, s'il vit chez ses parents, Deleuze a déjà trouvé son propre héros : Jean-Paul Sartre.

Du jeune Deleuze, on murmure d'ailleurs déjà qu'il sera « un nouveau Sartre ». Mais pour l'heure, celui-ci reste tout à l'admiration de l'œuvre du maître – œuvre trop grande pour lui. Lorsque Sartre publie *L'Être et le Néant* en 1943, Deleuze passe l'hiver à le lire et à le relire avidement, transi de froid mais la tête en feu. « On y apprenait après de longues nuits l'identité de la pensée et de la liberté » (*ID*, p. 110). Les premiers textes de Deleuze, déjà marqués d'une grande originalité philosophique, se ressentiront fortement de l'influence sartrienne. Et quoiqu'elle passe ensuite à l'arrière-plan, celle-ci ne se démentira jamais tout à fait. Devenu bachelier, les rencontres amicales et intellectuelles se multiplient. Deleuze entre en classes préparatoires à Paris, à Louis-le-Grand, où il est l'élève de deux des plus grands représentants français de l'histoire de la philosophie, Ferdinand Alquié et Jean Hyppolite. Il saura s'affranchir de l'autorité sévère tant de ces spécialistes reconnus de Descartes, Kant et Hegel, que de cette discipline académique qu'est l'histoire de la philosophie. Il les décrira plus tard avec une ironie mordante, mais il leur devra aussi une solide formation philosophique, dont témoigneront ses propres livres. Ses aptitudes aussi étonnantes que précoces ne l'empêchent pourtant pas de se faire recaler au concours d'entrée à l'École normale supérieure. Il devient étudiant à la Sorbonne, assiste aux cours de Martial Gueroult, autre grand maître de l'histoire de la philosophie, et travaille avec un petit groupe d'amis, auquel appartiennent notamment Jean-Pierre Bamberger, François Châtelet et Claude Lanzmann. Ses tendances philosophiques se précisent et sa pensée mûrit. Il soutient en 1947 un mémoire sur Hume, où il propose une conception originale de l'empirisme, puis obtient brillamment l'agrégation en 1948, qui lui a donné l'occasion de mesurer et de revendiquer l'importance de Bergson. Il devient professeur de philosophie au lycée d'Amiens. En 1950, son père est mort et Deleuze quitte sa mère pour rejoindre Michel Tournier dans un hôtel de l'île Saint-Louis, où ils louent chacun une chambre au mois. Deleuze y restera sept ans. Ce départ ouvre une césure. Son voyage commence.

Deleuze enseigne désormais la philosophie au lycée. À Amiens (de 1948 à 1952), à Orléans (de 1952 à 1955), puis à Paris (de 1955 à 1957), Deleuze est un professeur passionné et facétieux, qui prépare d'abord ses cours avec un soin méticuleux, les répète longuement, puis une fois sur l'estrade, donne l'air de les improviser. Son ton singulier et son humour, son approche à la fois rigoureuse et originale, son invocation des penseurs les plus classiques aux côtés des plus contemporains, son goût pour la littérature et les arts, toutes ces particularités suscitent l'enthousiasme des élèves, et parfois de solides vocations philosophiques. S'il pourra dire qu'« on fait cours sur ce qu'on cherche, pas sur ce qu'on sait » (*Pp*, p. 190), c'est qu'une chose n'est comprise qu'en étant chaque fois de nouveau apprise : substituer le modèle de l'apprendre à celui du savoir est alors l'occasion de mettre en place un équivalent de théâtre en philosophie. Dès cette époque, l'enseignement ne concurrence donc pas ses recherches, c'en est le laboratoire.

D'une santé fragile et particulièrement sujet à la fatigue, Deleuze ne cesse pourtant pas d'écrire durant ses années d'enseignement. En 1953 paraissent deux ouvrages : son livre sur Hume, *Empirisme et subjectivité*, version remaniée de son mémoire de 1947, et une anthologie de textes, *Instincts et institutions*, qui signale son goût pour les sciences humaines. Deleuze montre son attachement philosophique et à la logique et à l'empirisme lorsqu'il recense les livres de ses anciens maîtres (une étude de Jean Hyppolite sur Hegel et les travaux d'Alquié sur Descartes), marquant plus ou moins explicitement sa distance à l'égard des figures majeures du rationalisme. Il fait également paraître un long article sur l'ensemble de la philosophie de Bergson, où les concepts de différence et répétition s'affirment déjà comme les thèmes centraux d'une philosophie systématique, laquelle trouvera sa forme complète dans la thèse principale de 1968, *Différence et répétition*. Malgré son éclectisme apparent, et à contretemps d'une période dominée par Hegel, le marxisme et la phénoménologie, une lecture attentive des premiers textes de Deleuze révèle que son orientation philosophique est déjà prise. Avançant masqué derrière les auteurs qu'il commente, celui-ci défend déjà une philosophie étonnamment cohérente.

En août 1956, Deleuze épouse Fanny Grandjouan, dont il aura deux enfants, Julien puis Émilie. Fanny travaille chez le couturier Pierre Balmain. Ils s'installent ensemble à Paris. À cette époque, Deleuze s'est plongé dans un long silence philosophique. Il enseigne, mais ne publie rien. Alors qu'il juge inintéressantes les vies des professeurs, il révélera plus tard l'importance paradoxale de cette période de latence : « Si vous voulez m'appliquer les critères bibliographie-biographie, je vois que j'ai écrit mon premier livre assez tôt, et puis plus rien pendant huit ans. [...] C'est comme un trou dans ma vie, un trou de huit ans. C'est cela qui me semble intéressant dans les vies, les trous qu'elles comportent, les lacunes » (*Pp*, p. 188-189). Et si, de fait, nous ne disposons guère de renseignements sur cet épisode, tout indique pourtant que de puissants mouvements s'y sont accomplis. C'est le voyage de Deleuze, le deuxième acte du drame : la métamorphose du moi, déchiré entre le passé et l'avenir. Car d'un côté, Deleuze a déjà quitté ses maîtres et sa soumission académique à l'histoire de la philosophie, mais de l'autre, il n'a pas encore répondu à l'exigence de créer, où la production de l'œuvre se confond avec la dissolution du moi. À de nombreux égards, la découverte de Nietzsche fera tout basculer : « C'est Nietzsche que j'ai lu tard et qui m'a sorti de tout ça. Il vous donne un goût pervers : le goût pour chacun de dire des choses simples en son propre nom, de parler par affects, intensités, expériences, expérimentations. Dire quelque chose en son propre nom, c'est très curieux ; car ce n'est pas du tout au moment où l'on se prend pour un moi, une personne ou un sujet, qu'on parle en son nom. Au contraire, un individu acquiert un véritable nom propre à l'issue du plus sévère exercice de dépersonnalisation » (*Pp*, p. 15).

Deleuze entre à l'université et se retrouve successivement assistant d'histoire de la philosophie à la Sorbonne (1957-1960), où ses cours font déjà salle comble, puis détaché au CNRS (1960-1964), période d'écriture où il se lie d'amitié avec Michel Foucault, et enfin chargé d'enseignement de morale à Lyon (1964-1969), relative période d'exil où il rencontre Henri Maldiney. L'année 1962 marque le début d'une intense période de publications. Deleuze publie coup sur coup des livres remarqués sur Nietzsche, Kant, Proust, Bergson, Sacher-Masoch. En 1968, en plus de sa thèse secondaire sur *Spinoza et le problème de l'expression*, dirigée par Alquié, paraît sa thèse principale, *Différence et répétition*, sous la direction de Gandillac, livre qui sera rapidement suivi de *Logique du sens*. À la fin des années 1960, Deleuze acquiert un nom propre. Nietzsche, dont Deleuze codirige l'édition des œuvres complètes en français, a bel et bien constitué une révélation décisive : la philosophie ne peut plus être autre chose que critique, intempestive, à la fois négation des valeurs en cours et création de l'avenir. La révélation ne porte pas sur une vérité éternelle à contempler, mais sur une tâche à accomplir : « l'œuvre à faire » – rompre chaque fois avec le présent et en dégager pour toutes les fois la part ineffectuable de l'événement. Les années 1950-1960 sont celles d'une prodigieuse accumulation de forces. Les événements de 1968-1969 seront l'étincelle qui fait exploser toute l'énergie emmagasinée.

On pressent qu'une nouvelle ère approche. Plusieurs éléments y concourent et récapitulent l'ensemble : d'abord, une insatisfaction relative par rapport aux résultats d'un travail philosophique qui rompt insuffisamment avec la tradition ; ensuite, trois événements qui font césure : le mouvement de Mai 68, la maladie et la rencontre avec Guattari ; enfin, leur projet d'écriture commun, l'œuvre à venir.

Monument philosophique, la thèse de Deleuze est unanimement saluée. Mais celui-ci ne se méprend pas sur les insuffisances qu'elle comporte encore quant aux exigences du projet critique : « c'est encore plein d'un appareil universitaire », et « le temps approche où il ne sera guère possible d'écrire un livre de philosophie comme on en fait depuis si longtemps » (*Pp*, p. 16 ; *DR*, p. 4). Il faudra inventer de nouveaux moyens d'expression, adaptés aux nouveaux contenus théoriques. Un seuil est atteint avec le mouvement étudiant de Mai 68. À Lyon, Deleuze perçoit immédiatement l'importance de la contestation, qu'il est l'un des rares professeurs de son université à soutenir publiquement.

Il milite pour que le mouvement se poursuive aussi longtemps que possible. À l'automne, Deleuze est victime d'une rechute : une ancienne tuberculose a resurgi et percé ses poumons. Hospitalisé d'urgence une première fois, il subit au début de l'année 1969 une thoracoplastie, lourde opération qui le prive de l'usage d'un poumon. Il souffrira jusqu'à la fin d'une insuffisance respiratoire chronique. Santé fragile, qui n'empêche pas le bouillonnement intellectuel. Porcelaine et volcan. Deleuze va passer une année de convalescence dans le Limousin avec Fanny. C'est au cours de cette année 1969 que Gilles Deleuze rencontre Félix Guattari. Infatigable militant, psychanalyste inventif, écrivain fécond, Guattari a lu avec intérêt les livres de Deleuze et Deleuze comprend combien Guattari peut l'aider à trouver une issue. Ils forment un projet de livre en commun. Ce sera *L'Anti-Œdipe*.

Les années 1970 sont la décennie politique. À la fin de 1969, sur la sollicitation de Foucault, Deleuze est nommé maître de conférences à la nouvelle université de Vincennes, concession du gouvernement au mouvement étudiant. Pendant dix-sept ans, il y fera des cours mémorables, chaque mardi matin, devant un public hétéroclite venu l'écouter en nombre dans cette petite salle qu'il préfère obstinément à un grand amphithéâtre. Elle sera le laboratoire vivant des livres écrits avec Guattari : *L'Anti-Œdipe*, *Kafka*, *Mille Plateaux*. Symptôme de son passage à la politique, Deleuze s'engage au début des années 1970 aux côtés de Foucault, dans le Groupe d'information sur les prisons (GIP), et promeut de nouvelles formes d'organisation politique. Resté jusque-là discret sur ces questions, Deleuze multipliera à partir des années 1970 les interventions sur des problèmes politiques précis : sur l'affaire Klaus Croissant et le système judiciaire européen, sur le conflit israélo-palestinien et l'OLP, sur Toni Negri et les Brigades rouges, sur le pacifisme et les nouvelles formes de guerre...

Avec la parution de *Mille Plateaux* en 1980, Deleuze et Guattari ont réalisé leur projet commun. Deleuze se tourne désormais vers l'art, la peinture et le cinéma, semble frayer une autre voie, plus secrète, plus lumineuse aussi. La vieillesse approche : fatigué, Deleuze cesse d'enseigner en 1987. Il vient de publier l'année précédente un livre sur Foucault, hommage au penseur et ami disparu. En 1988, il fait paraître une étude sur Leibniz et le baroque. Son style se fait plus sobre, plus elliptique. Le projet d'une vie, souterrainement mûri, fait progressivement surface et vient couronner l'œuvre : donner une réponse à la question « Qu'est-ce que la philosophie ? ». Tout semble converger en ce point mystérieux où la pensée intensifie la vie, et où la vie s'élève en même temps à la hauteur de l'événement, dimension impersonnelle, inactuelle. « Il y a des cas où la vieillesse donne, non pas une éternelle jeunesse, mais au contraire une souveraine liberté, une nécessité pure où l'on jouit d'un moment de grâce entre la vie et la mort, et où toutes les pièces se combinent pour envoyer dans l'avenir un trait qui traverse les âges » (*QPh*, p. 7). Après la publication en 1991 de *Qu'est-ce que la philosophie ?*, cosigné par Guattari, Deleuze a accompli son œuvre. Il est temps, la maladie gagne du terrain.

Au cours des années 1990, les difficultés respiratoires augmentent, deviennent intolérables. Elles le privent graduellement du souffle nécessaire à l'usage de la parole, lui laissent à peine quelques heures de répit quotidien pour travailler. Les crises d'étouffement, que la bouteille d'oxygène ne suffit plus à calmer, se font de plus en plus violentes. Le 4 novembre 1995, Deleuze met fin à sa vie. Mais elle est passée dans son œuvre.

Chapitre II

L'ŒUVRE

L'œuvre de Deleuze s'étale sur cinquante ans, de 1945 à 1995. On la découpe généralement en trois périodes, suivant un principe que Deleuze semblait lui-même accepter : « trois périodes, ce serait déjà bien » (*Pp*, p. 185)[1]. La première court jusqu'en 1970 : elle est dominée par des études d'histoire de la philosophie et par la première expression complète du système dans *Différence et répétition*. La deuxième s'étend de 1970 à 1980 : elle est marquée par la collaboration avec Guattari dans l'élaboration d'une philosophie politique qui culmine dans un livre aux dimensions cosmiques, *Mille Plateaux*. La troisième, enfin, va de 1980 à 1995 : elle porte principalement sur la création artistique et philosophique et trouve son couronnement dans *Qu'est-ce que la philosophie ?*. En 1996, après la mort du philosophe, est diffusé un long entretien télévisé, *L'Abécédaire de Gilles Deleuze*. Deleuze avait accepté de le tourner six ans plus tôt, à la condition expresse qu'il ne soit pas montré de son vivant. Enfin, au début des années 2000, la quasi-totalité des textes

1. Vers la fin de sa vie, Deleuze avait néanmoins proposé un classement de ses travaux selon une série de thèmes généraux (voir *ID*, p. 7).

et entretiens de Deleuze est réunie dans deux volumes posthumes : *L'Île déserte* et *Deux Régimes de fous*. Ces deux volumes, cependant, n'incluent ni les cours ni les publications antérieures à 1953, Deleuze en ayant explicitement interdit l'édition ou la réédition. Pourquoi un tel interdit ? De Deleuze, Guattari disait qu'il avait toujours « l'œuvre en vue ». Or les textes de jeunesse et bien plus encore les cours furent le laboratoire de l'œuvre, l'élément dans lequel elle baigne mais dont elle se distingue. Le refus de publier les cours et textes de jeunesse doit donc être compris comme la contrepartie de l'attachement à la réalisation d'une œuvre.

Quelle est la logique de cette œuvre ? Et d'abord, qu'est-ce que la logique d'une œuvre ou d'une pensée ? Deleuze l'indique à propos de son travail sur Foucault : « La logique d'une pensée, ce n'est pas un système rationnel en équilibre. [...] La logique d'une pensée est comme un vent qui nous pousse dans le dos, une série de rafales et de secousses. On se croyait au port, et l'on se retrouve rejeté en pleine mer, suivant une formule de Leibniz. C'est éminemment le cas de Foucault. Sa pensée ne cesse de croître en dimensions, et aucune n'est contenue dans la précédente. Alors, qu'est-ce qui le force à se lancer dans telle ou telle direction, à tracer tel chemin toujours inattendu ? » (*Pp*, p. 129). Nous n'avons aucune raison de penser que ces remarques ne doivent pas s'appliquer à Deleuze lui-même. Nous croyons même qu'elles nous indiquent la marche à suivre, nous permettant de préciser le rapport entre les différentes périodes de son œuvre, les empêchant soit de rester étrangères les unes aux autres, soit de se confondre dans un ensemble trop peu différencié. Or, pour dégager la logique de l'œuvre de Deleuze, il nous faut trouver le problème qui anime sa pensée, qui rend compte de ses continuités comme de ses crises.

Cette recherche comporte toutefois trois difficultés. La première difficulté tient à l'hétérogénéité de l'œuvre. Deleuze n'a pas écrit que des ouvrages en son nom propre, ni défini lui-même ses problèmes, puisque son œuvre se compose pour moitié de commentaires philosophiques. Or, ces études appartiennent à l'œuvre dans la mesure où elles engagent un véritable travail d'interprétation philosophique, quoiqu'elles doivent y recevoir une place à part puisque Deleuze s'y fait l'interprète d'une pensée dont il n'est pas l'auteur. Mais justement, dans quelle mesure peut-on dire que Deleuze y élabore sa propre philosophie ? Et dans quelle mesure faut-il octroyer un statut privilégié aux études sur des auteurs dont il se veut le double (Spinoza, Nietzsche, Foucault) ? La question se pose d'autant plus que, à partir des années 1970, la limite entre les ouvrages écrits en son nom propre et les commentaires philosophiques devient tout bonnement indiscernable. C'est particulièrement le cas des ouvrages écrits à quatre mains, Deleuze et Guattari nous avertissant dans *Mille Plateaux* : « Nous avons écrit *L'Anti-Œdipe* à deux. Comme chacun de nous était plusieurs, ça faisait déjà beaucoup de monde » (*MP*, p. 9). Mais c'est aussi le cas des livres où s'imbriquent l'histoire de la pensée et la création philosophique : ainsi, *Le Pli. Leibniz et le baroque* est à la fois une étude d'histoire de la philosophie adressée aux spécialistes de Leibniz, un travail sur le mouvement baroque dans l'histoire de l'art, un ouvrage où Deleuze déploie son propre système philosophique en fonction du concept de pli, et un livre qui interpelle les plieurs de papiers et les surfeurs (*P*, *passim*).

La deuxième difficulté tient à la diversité de noms que Deleuze a donnés à son propre projet philosophique : philosophie de l'expression, philosophie de la différence et de la répétition, empirisme supérieur ou transcendantal, philosophie critique, schizo-analyse, logique des multiplicités, etc. Une pluralité de noms pour une même œuvre. Comment, dans ces conditions, trouver le problème qui en exprime la logique ? Certes, chaque nom nous apprend quelque chose du projet de Deleuze. On dira ainsi que la philosophie de l'expression l'inscrit dans une tradition néoplatonicienne qui se prolonge à la Renaissance, puis dans le postcartésianisme de Spinoza et Leibniz ; que la philosophie de la différence et de la répétition le rattache à la vague d'anti-hégélianisme généralisé qui déferle en France dans les années 1960 ; que l'empirisme supérieur le rapproche d'une inspiration antidogmatique qui anime le postkantisme de Schelling, mais aussi la philosophie de Bergson ; que la philosophie critique l'insère dans un questionnement de type kantien, qu'il voit s'accomplir chez Nietzsche ; que la schizoanalyse le relie à une entreprise de réforme radicale de la théorie et de la pratique de l'inconscient, c'est-à-dire de la psychanalyse ; que la logique des multiplicités le place dans le débat contemporain autour du rapport entre philosophie et mathématique, de Husserl et Bergson jusqu'au structuralisme. Pourtant, quel est le rapport entre toutes ces formules ? Puisque Deleuze n'en a rejeté aucune, faut-il y voir différents aspects du même projet ? Mais puisqu'il les a convoquées à différents moments de son parcours, faut-il y voir plutôt des étapes dans l'évolution de sa pensée ?

La troisième difficulté aggrave les deux premières : c'est que Deleuze ne s'explique guère sur ce qu'il fait, comment ni pourquoi il le fait. Sur de nombreux points en effet, le lecteur peine à trouver l'explication. Deleuze en fait même un principe : « ne pas (trop) s'expliquer » (*DR*, p. 314). La lecture de l'œuvre laisse d'ailleurs une étrange impression, comme si les concepts – qu'ils soient forgés par lui ou empruntés à d'autres – passaient les uns dans les autres, tantôt nous persuadant des ruptures les plus décisives, tantôt nous suggérant les rapprochements les plus hasardeux. Sous chaque nouvelle batterie de concepts, faut-il voir la conquête d'une position originale ou bien est-ce toujours la même philosophie qui recommence ? Deleuze multiplie les noms pour son projet philosophique, mais il demeure quasiment silencieux sur le problème qui l'anime. En de rares occasions, le plus souvent dans des entretiens, le voici pourtant qui distille quelques précieux indices – mais toujours comme en passant, et sans avoir l'air d'y toucher. Parmi ces déclarations aussi rares que précieuses, il y a celle, tardive, sur le système : « Je crois à la philosophie comme système… »

Il pourrait paraître surprenant de parler de système à propos de la philosophie de Deleuze. L'empirisme et la philosophie de la différence ne sont-ils pas au contraire les armes d'une lutte contre le système ? N'y a-t-il pas, comme entre Nietzsche et Hegel, une radicale incompatibilité entre les deux ? Deleuze lui-même réfute une telle opposition. Certes, l'appel à Nietzsche, l'usage des catégories de différence et de répétition sont les armes d'une lutte sans merci contre le primat de l'identité et de la négation, contre l'Un et le Tout, et contre tous leurs avatars. Mais pourquoi la notion de système dépendrait-elle de ces catégories ? Deleuze nous invite à penser le contraire lorsqu'il déclare en 1990 : « Je crois à la philosophie comme système. C'est la notion de système qui me déplaît quand on la rapporte aux coordonnées de l'Identique, du Semblable et de l'Analogue. [...] Pour moi, le système ne doit pas seulement être en perpétuelle hétérogénéité, il doit être une hétérogenèse, ce qui, il me semble, n'a jamais été tenté » (*DRF*, p. 338). Deleuze a donc en philosophie une ambition systématique, et celle-ci ne prétend pas contredire les exigences empiristes d'une philosophie de la différence.

Comment comprendre néanmoins que la philosophie de Deleuze se présente simultanément sous ces deux aspects ? Il serait difficile d'y répondre s'il n'existait pas chez lui une théorie des systèmes. Mais cette théorie, nous la trouvons énoncée dans sa thèse principale, *Différence et répétition*, et dans sa thèse complémentaire, *Spinoza et le problème de l'expression*, toutes deux parues en 1968. Formulons-la, quitte à en comprendre le sens plus tard. Pour Deleuze, toute chose forme un système et comporte deux mouvements parallèles : mouvement de la Nature et mouvement de la Pensée. D'un côté, un système physique est l'extériorisation d'une différence interne, d'une différence d'intensité (« système signal-signe »). Ainsi, un phénomène comme la fulguration de l'éclair suppose une différence de potentiel électrique dans l'atmosphère et se manifeste comme le produit lumineux de sa résolution. Tel est le premier mouvement du système : le mouvement de la Nature comme explication de la différence, ou passage du virtuel à l'actuel (actualisation). Néanmoins, un système physique ne dure pas plus longtemps que la différence de potentiel ne met à se résoudre, qu'il s'agisse d'un éclair dans le ciel ou d'une vie sur terre. C'est pourquoi Deleuze demande : sous quelles conditions un système physique peut-il intérioriser sa condition génétique, la différence, de manière à poursuivre indéfiniment son individuation ? Tel est le problème de l'hétérogenèse. Pour Deleuze, il revient à la pensée – et notamment à l'art et à la philosophie – d'effectuer cette possibilité : lorsqu'elle prend pour objet la différence dans laquelle elle s'engendre, elle la répète et donc diffère avec soi (« système de l'éternel retour »). Ainsi, l'œuvre réussie est une expression de la différence qui introduit la différence dans la pensée, c'est-à-dire une pensée qui force à penser. Tel est le deuxième mouvement du système : le mouvement elle Pensée comme contraction de la différence, ou passage de l'actuel au virtuel (complication).

Ces deux mouvements forment ensemble l'expression de la différence, les deux aspects du système. Le système expressionniste n'est en effet pas séparable d'un dualisme de tendances, tendances de l'être, de l'absolu ou de la différence. Ce dualisme ne se démentira jamais dans l'œuvre deleuzienne. C'est lui que l'on retrouvera par exemple dans la fameuse dualité territorialité-déterritorialisation. De cette différence de tendances, il faut dire à la fois qu'aucune dialectique ne peut la résorber dans une identité supérieure, puisqu'il s'agit de mouvements parallèles qui constituent l'essence de chaque chose, et qu'elle peut néanmoins être pensée comme telle, puisqu'elle est l'objet de la pensée dans son exercice supérieur. D'où l'importance que, tout au long de son œuvre, Deleuze accordera à l'exercice et à l'image de la pensée, et notamment de la pensée philosophique.

Le problème de Deleuze est celui de la philosophie même. Il porte plus précisément sur l'exercice effectif de la pensée, et sur l'effectuation de la puissance de penser dans la philosophie. On ne croira pas que le privilège accordé à la pensée implique un primat de la contemplation sur l'action, de la théorie sur la pratique. En réalité, le privilège de la pensée dépend d'un vitalisme, d'une éthique proprement vitale. Pour Deleuze en effet, « un mode d'existence est bon ou mauvais, noble ou vulgaire, plein ou vide, indépendamment du Bien et du Mal, et de toute valeur transcendante : il n'y a jamais d'autre critère que la teneur d'existence, l'intensification de la vie » (*QPh*, p. 76). Or, c'est précisément à la pensée que revient la tâche d'intensifier la vie, de répéter l'intensité vitale dans laquelle elle s'engendre, l'une relayant l'autre. « La vie serait la force active de la pensée, mais la pensée la force affirmative de la vie. Toutes deux iraient dans le même sens, s'entraînant l'une l'autre et brisant des limites, un pas pour l'une, un pas pour l'autre, dans l'effort d'une création inouïe. Penser signifierait ceci : *découvrir, inventer de nouvelles possibilités de vie* » (*NPh*, p. 115). Telle est l'hétérogenèse, comme système qui diffère avec soi. Quand Deleuze qualifie son œuvre de vitaliste, il ne s'agit pas d'une vie qui se réduit aux organismes dans lesquels elle s'incarne, mais d'une vie intensive et non organique qui engendre les corps sans jamais s'épuiser en eux. Et ce que peut la pensée, c'est porter toute chose à cette intensité vitale qui la traverse, et la rendre ainsi à son essence.

Mais pourquoi une telle pensée constitue-t-elle un problème ? C'est que, à moins d'y être forcée, la pensée ne va pas au bout de ce qu'elle peut. Dans son état naturel, elle produit au contraire des représentations illusoires qui l'empêchent d'effectuer sa puissance, des formes de pouvoir qui répriment la vie. En ce point précis, l'exercice effectif de la pensée reste une tâche, et la philosophie de l'expression se fait philosophie critique. Car si l'effectuation de la puissance de penser constitue le second mouvement du système, ce mouvement ne saurait être accompli tant que la pensée n'a pas détruit les illusions et les pouvoirs qui la séparent de sa puissance vitale. C'est pourquoi la critique comporte deux tâches complémentaires : une tâche négative, qui consiste à dénoncer les illusions qui entravent l'exercice effectif de la pensée (critique du monde de la représentation, destruction de l'image de la pensée) ; une tâche positive, qui consiste à répéter l'intensité vitale dans laquelle s'engendre la pensée (affirmation de la différence, invention de nouvelles possibilités de vie).

Comment cette seconde tâche s'accomplit-elle ? Comment le pensée accomplit-elle la critique, donne-t-elle une issue à la vie ? Accomplir ne signifie pas produire une forme achevée une fois pour toutes. Accomplir signifie bien plutôt produire, chaque fois et pour toutes les fois, une œuvre qui soit indiscernable de la production même. Pour Deleuze, la tâche critique ne se sépare donc pas du problème de l'œuvre à faire.

L'œuvre réussie, artistique ou philosophique, se définit par une certaine circularité dynamique, où l'expérience nouvelle communiquée dans l'œuvre engendre à son tour un nouvel ordre d'expérience, à la fois vécu et pensé. Nietzsche disait que « l'effet des œuvres d'art est de susciter l'état dans lequel on crée de l'art, l'ivresse », et que l'œuvre philosophique livre « des idées de l'espèce qui produit des idées [1] ». Telle est, croyons-nous, l'œuvre de Deleuze.

1. Nietzsche, *Œuvres philosophiques complètes*, XIV, éd. G. Colli, M. Montinari, Paris, Gallimard, 1977, FP 14 [47] ; *Humain, trop humain*, II, § 214.

DEUXIÈME PARTIE

LA PHILOSOPHIE DE DELEUZE

Chapitre premier

EMPIRISME ET CRITIQUE

La première période de l'œuvre deleuzienne est un ensemble fort hétérogène. Le lien n'est guère évident entre les études sur Hume, Bergson, Nietzsche, Kant, Proust et Spinoza, mais aussi *Différence et répétition* et *Logique du sens*. Trois éléments permettent néanmoins de tracer une courbe dans cet ensemble : l'empirisme, la critique et l'image de la pensée. Le rapport entre ces différents éléments ne variera pas chez Deleuze : l'inspiration empiriste anime la critique, et la critique vise à instaurer une nouvelle image de la pensée. Lorsque ce thème passe au premier plan dans *Nietzsche et la philosophie*, nous y découvrons les deux tâches que comporte la critique : une tâche négative, détruire le monde de la représentation ; une tâche positive, créer du nouveau. Ce sont ces deux tâches qu'il nous faut examiner.

I. – Détruire le monde de la représentation

Le problème philosophique général de Deleuze dans les années 1950-1960 pourrait être formulé de la manière suivante : Comment expliquer que nous soyons continuellement victimes d'illusions ? Pourquoi sommes-nous séparés des choses, et par là même de notre puissance d'agir et de penser ? Comment revenir aux choses mêmes, rétablir un contact direct avec elles, dissiper nos illusions et conquérir la puissance naturelle qui définit notre essence ? On ne croira pas que cette situation soit l'indice d'une quelconque négativité dans l'être. Car chez Deleuze, il n'y a jamais négation ou privation, mais seulement détournement ou dénaturation. Dénaturée, une chose continue à être tout ce qu'elle peut être, à exprimer toute sa puissance, mais celle-ci est passée au service d'autre chose, soumise à d'autres buts, représentée par d'autres instances. On ne croira pas non plus que la dénaturation intervienne dans un second temps, comme si les choses étaient d'abord tout ce qu'elles pouvaient être et n'étaient dénaturées qu'ensuite. Il n'y a pas, comme dans les mythes anciens, de chute hors du paradis ou de nostalgie de l'âge d'or, parce que c'est dès le début que les choses se mettent à mal tourner. La dénaturation est originaire, l'illusion est contemporaine de la conscience que nous prenons de nous-mêmes et des choses. Mais sous quelles conditions une telle dénaturation advient-elle ? Et comment revenir aux choses mêmes ? Tel est le double objet de l'empirisme.

1. **L'empirisme.** – Deleuze se réclame volontiers d'une lignée philosophique empiriste qu'il oppose à la tradition rationaliste. Entre Lucrèce, Spinoza, Hume, Nietzsche, Bergson, il y a « un lien secret constitué par la critique du négatif, la culture de la joie, la haine de l'intériorité, l'extériorité des forces et des relations, la

dénonciation du pouvoir... » (*Pp*, p. 14). Deleuze ne définit pas l'empirisme par sa formule canonique, « la connaissance provient de l'expérience », mais par trois thèses qui s'enchaînent : le pluralisme de la nature, la constitution du sujet dans le donné, la différence réelle entre la nature et le sujet.

Première thèse : la nature est plurielle, multiple, diverse. La nature se présente comme une pluralité de choses non unifiables se distribuant çà et là, comme un flux d'éléments qui se succèdent dans l'imagination sans former de système, comme une multiplicité mouvante de choses sans rime ni raison. Étant pure succession, ses termes se distinguent uniquement sous la catégorie de temps : et ceci et cela, « et... et... ». À ce titre la nature, c'est-à-dire le donné brut ou l'expérience pure, n'a pas par elle-même la forme de l'Un, du Tout ou de l'Être : ainsi, la pluie d'atomes chez Lucrèce, l'infinité des modes de la substance chez Spinoza, la succession des idées-atomes dans l'esprit chez Hume, les rapports de forces chez Nietzsche, le mouvement universel des images chez Bergson. Ce plan de nature précède la scission de la matière et de l'esprit. Deleuze peut donc le présenter tantôt comme un champ matériel dépourvu de corrélat subjectif, un donné en soi, tantôt comme une activité de l'esprit sans corrélat objectif, un délire hallucinatoire. C'est une imagination pure antérieure à la coupure sujet-objet.

Deuxième thèse : le sujet se constitue dans le donné. La nature de l'expérience suscite une difficulté : comment un sujet peut-il se constituer sur ce plan qui ne le présuppose pas ? En vertu de la forme primordiale de l'expérience, du moins est-il clair que le sujet ne peut pas être constituant mais seulement constitué, qu'il ne peut pas être principe mais seulement effet, bref qu'il doit être passif avant d'être actif. Or justement, un sujet passif se constitue chaque fois que, sur ce plan de nature, des termes entrent en relation, chaque fois que s'opère une connexion entre éléments extrinsèques, une synthèse du divers. Puisque le donné est succession dans le temps et que le sujet est synthèse, Deleuze peut en déduire la seconde thèse fondamentale de l'empirisme : le sujet se constitue dans le donné comme synthèse passive du temps. Une telle synthèse constitue la continuité d'un présent vivant, à la fois rétention du passé et attente de l'avenir. En ce sens, un sujet est d'abord la contraction d'une habitude où le passé est posé au présent comme règle de l'avenir : ainsi lorsque l'on est déterminé à attendre la répétition du même cas (« le soleil se lèvera demain »). Toutefois, on ne croira pas que la notion de sujet passif concerne spécifiquement l'homme, qui ne naît qu'avec la réflexion active de cette synthèse dans la conscience. Le sujet passif est inconscient et désigne d'abord les organes qui composent un corps quelconque, un organe naissant avec chaque synthèse d'éléments, comme un œil se forme en liant la lumière.

Troisième thèse : il y a une différence réelle entre le sujet et la nature. Deleuze résume parfois l'empirisme dans cette simple formule : les relations sont extérieures à leurs termes. C'est que, si le sujet naît dans la mise en relation de termes extrinsèques, la relation elle-même ne s'explique jamais par la nature des termes reliés. Ainsi, chez Hume, ce n'est jamais le contenu des idées qui fournit la raison de leur association dans l'esprit.

La troisième thèse réunit les deux premières et signifie qu'il y a une différence entre le sujet et l'objet, un écart entre la pensée et la nature, entre les synthèses subjectives et les éléments qui entrent dans ces synthèses. Cette différence empirique insurmontable, c'est la succession des différentes idées dans l'imagination, le passage du temps comme condition de la synthèse. Tel est pour Deleuze le vrai commencement philosophique : la différence ou le temps. « Faire de la philosophie, c'est justement commencer par la différence », car « la différence est le vrai commencement » (*ID*, p. 71-72). Mais ce commencement est un problème puisque la condition de la pensée demeure encore inconsciente, et à ce titre impensée. Il y a une disjonction impensée au cœur de toute synthèse. Rien ne vient garantir ici l'affinité du sujet et de l'objet, l'harmonie entre la synthèse et le divers. Nous reconnaissons le célèbre problème critique que Hume lègue à Kant. Comment fonder la représentation ? À quel principe le rapport du sujet à l'objet obéit-il ?

2. **Le rationalisme.** – Se pourrait-il que la représentation n'ait aucun fondement et que le délire soit le vrai fond de la pensée ? Que la pensée trouve sa condition dans ce chaos, dans un universel « *effondement* » ? Tout l'effort du rationalisme en philosophie vise à conjurer cette possibilité. La raison fait passer la différence qui hante la pensée sous le joug de l'identique, elle prétend sauver la représentation en lui donnant un fondement stable. Mais cet effort ne se sépare pas d'une illusion, d'une profonde dénaturation de l'expérience. Les quatre moments de cette dénaturation sont chez

Deleuze les moments du rationalisme, les catégories du monde de la représentation :

(A) *La nature rend possible l'illusion.* – L'illusion n'aurait jamais l'occasion de se déployer dans la représentation si elle ne bénéficiait d'abord d'un soutien dans les choses. Il y a en ce sens un oubli de l'être fondé dans l'être lui-même. C'est que le mouvement naturel par lequel les choses s'engendrent est en même temps la condition de possibilité de leur dénaturation. Toute chose, en effet, se constitue par la synthèse de différents éléments, par la mise en relation de termes extrinsèques. Or, cette synthèse intériorise sa différence constitutive, au sens où la liaison de termes extrinsèques les fait passer à l'intérieur de la relation. Deleuze peut ainsi affirmer que chez Hume, Nietzsche ou Bergson l'habitude est une tendance naturelle à produire des associations, mais que ces associations sont elles-mêmes arbitraires, autrement dit que « toute habitude est arbitraire, mais qu'est naturelle l'habitude de prendre des habitudes » (*NPh*, p. 153). En ce sens, la synthèse de la différence est simultanément genèse naturelle de la chose et condition de possibilité d'une illusion rétrospective. Possible, l'illusion n'en est pas pour autant nécessaire. Du moins pas encore.

(B) *L'illusion se déploie dans la conscience.* – C'est uniquement dans la conscience que l'illusion s'étend. Après Spinoza et Nietzsche, Deleuze ne manque pas de rappeler que « la conscience est naturellement le lieu d'une illusion », « un rêve les yeux ouverts » (*SPP*, p. 29-31). C'est que les conditions dans lesquelles nous prenons conscience des choses et de nous-mêmes nous conduisent nécessairement à les saisir comme des objets constitués, coupés de leur genèse. Prenant le corps comme modèle général de la chose, Spinoza et Nietzsche montrent qu'il est un rapport de mouvement et de repos ou un rapport de forces, qu'il désigne tout un combat qui se déroule dans l'inconscient du corps et de la pensée mais dont la conscience ne recueille que les effets. *Re*-présentation de la pluralité des forces en rapport, la conscience se trouve incapable de présenter la raison du rapport. Dans ces conditions, elle est conduite à renverser l'ordre des choses, à prendre l'effet pour la cause.

(C) *L'illusion devient principe (philosophie du sujet).* La dénaturation franchit un nouveau seuil lorsque la conscience est érigée en principe de l'expérience. Avec le fameux tournant transcendantal accompli par Kant, les synthèses psychologiques de l'imagination trouvent désormais leur fondement dans une synthèse supérieure, les associations empiriques de l'habitude trouvent leur principe dans la forme d'identité de la conscience (*ES*, p. 123-125 ; *PCK*, p. 22-23). Certes, le sujet ne connaîtrait rien s'il n'était pas d'abord affecté par une réalité matérielle qu'il ne produit pas lui-même : quelque chose doit lui être donné dans l'intuition sensible pour pouvoir être soumis aux catégories de l'entendement. Mais c'est l'unité et l'activité du sujet transcendantal qui fondent la représentation (Je pense, Cogito). Désormais, les synthèses empiriques de la conscience supposent la soumission du donné à la forme de la conscience. Celle-ci ne devient pourtant pas principe sans ruiner les propositions fondamentales de l'empirisme : l'irréductible pluralité de l'expérience se présente désormais comme une diversité synthétisable (forme d'identité de l'objet) ; le sujet passif et constitué devient maintenant principe actif et constituant (unité du sujet pensant) ; la dualité du sujet et du donné se trouve dorénavant subordonnée à la forme d'identité de la représentation (Cogito). L'illusion s'approfondit : les différences libres et non liées qui définissent le premier sens de l'expérience sont désormais soumises à la forme d'identité du sujet conscient, la forme-Homme.

(D) *L'illusion se mue en erreur (métaphysique).* L'illusion est inséparable de la conscience, nécessaire à ce titre. Toutefois, elle se transforme en erreur lorsque le sujet fini est porté à l'infini. La forme d'identité n'est plus produite par la réflexion de l'entendement sur ses propres représentations (Je pense), elle est hypostasiée, présupposée sous la figure d'une instance métaphysique ou d'un principe infini absolument premier (l'Un, Dieu). Si l'illusion est nécessaire et trouve son principe dans le Cogito, l'erreur est le sous-produit contingent de l'illusion et se manifeste dans la métaphysique. C'est la fin de la dénaturation. Mais la fin était aussi bien là dès le début, dans le platonisme. C'est pourquoi la métaphysique est « la plus longue erreur » (*DR*, p. 164). Pour Deleuze, le platonisme est la vérité du monde de la représentation, son origine et son aboutissement. Car la différence y est mesurée en fonction d'un principe transcendant qui la soumet à la forme du Même, l'Idée comme fondement identique à soi ; car la vie y est jugée d'après des valeurs supérieures, condamnée à n'être que le reflet de l'essence. Et toute cette métaphysique traduit plus profondément un désir moral, celui d'éliminer la différence en tant que telle, de refouler les différences libres et non liées qui animent le plan de nature, d'exorciser la puissance de métamorphose qui caractérise les simulacres dénués de ressemblance à l'Idée – car « il n'y a pas d'autre péché que celui de faire monter le fond et de dissoudre la forme » (*DR*, p. 44). Aussi arrive-t-il à Platon de traquer le sophiste, le simulacre par excellence, le Protée qui se déguise en toutes choses. Mais justement, dans le *Sophiste*, sa traque aboutit à un résultat surprenant : l'impossibilité de le distinguer de Socrate. Cet échec auquel Deleuze donne une portée générale explique le jugement ambivalent qu'il porte sur l'ensemble du platonisme. Pour lui en effet, Platon n'inaugure pas le monde de la représentation sans en manifester en même temps l'essentielle précarité. C'est lui qui cherche à soumettre la différence au Même, mais c'est aussi lui qui, dans son échec, introduit un pur concept de différence, le simulacre qui se dérobe à toute identité. Deleuze peut donc proclamer : Platon est le premier à indiquer la voie du renversement du platonisme !

« Ce qui est commun à la métaphysique et à la philosophie transcendantale, c'est d'abord cette alternative qu'elles nous imposent : ou bien un fond indifférencié, sans-fond, non-être informe, abîme sans différences et sans propriétés – ou bien un Être souverainement individué, une Forme fortement personnalisée. Hors de cet Être ou de cette Forme, vous n'aurez que le chaos… En d'autres termes, la métaphysique et la philosophie transcendantale s'entendent pour ne concevoir de singularités déterminables que déjà emprisonnées dans un Moi suprême ou un Je supérieur » (*LS*, p. 129). Renverser le monde de la représentation, c'est dissoudre la complicité de l'identité transcendantale finie et de l'identité métaphysique infinie, de l'Homme et de Dieu, au profit du monde sauvage des différences libres et non liées [1]. Renverser le platonisme, c'est substituer au désir moral de soumettre la différence à la forme du Même et de la faire expier aux pieds du fondement, la volonté amorale d'affirmer la multiplicité des différences, d'établir le monde des simulacres.

3. **L'empirisme transcendantal.** – Sous toutes ses formes, le rationalisme procède à une gigantesque négation de la différence, c'est-à-dire du temps. Il est « le faux mouvement de la pensée ». Mais quel est alors « le vrai mouvement de la pensée » ? Il revient à la philosophie que Deleuze baptise « empirisme transcendantal » de le montrer, en tant qu'il introduit le temps ou la différence dans la pensée, et en suit le cheminement. Penser consiste toujours à remonter aux choses mêmes, à ce point où la chose ne se distingue plus de l'Idée qu'elle exprime. Ce mouvement va du signe à l'Idée et, dans son caractère aventureux, lutte contre deux dangers intérieurs : la bêtise et la folie. Il suppose une nouvelle image de la pensée, tout un théâtre de l'apprendre.

La bêtise est l'état natif de la pensée. La bêtise désigne d'abord l'impuissance de la pensée, l'incapacité

1. Raillant les malentendus et les polémiques sur la mort de l'Homme qui ont suivi la parution de *Les Mots et les Choses* en 1966, Deleuze saluera en Foucault celui qui a vu, après Nietzsche, que la mort de Dieu entraîne la mort de l'Homme, et que cet effondrement du monde de la représentation dresse nécessairement une nouvelle image de la pensée.

à penser quelque chose. Ainsi lorsque je ne parviens pas à établir de rapport entre deux choses (« quel est le rapport ? »). Mais la bêtise désigne aussi un certain exercice de la pensée, la conscience que nous avons spontanément de nous-mêmes et des choses. Ainsi lorsque je me contente de reconnaître un objet, c'est-à-dire de prendre pour une évidence le rapport qu'il enveloppe (« tout le monde sait bien que… »). Sous ces deux formes, la bêtise désigne le fait que nous ne pensons pas encore : soit parce que la différence est pure absence de rapport (hébétude), soit parce que le rapport refoule sa différence constitutive (récognition). Il est vrai, concède Deleuze, « que les actes de récognition existent et occupent une grande partie de notre vie quotidienne : c'est une table, c'est une pomme, c'est le morceau de cire, bonjour Théétète. Mais qui peut croire que le destin de la pensée s'y joue, et que nous pensions, quand nous reconnaissons ? » (*DR*, p. 176). D'autant que, si la récognition est inoffensive à titre de modèle spéculatif, elle ne l'est plus d'un point de vue pratique, puisque reconnaître, ce n'est pas seulement reconnaître un objet, c'est aussi reconnaître les valeurs qui lui sont attachées, les valeurs en cours. Telle est l'opinion : reconnaissance d'un objet et des valeurs qu'il véhicule. Soumise au modèle de la recognition, à la forme de l'opinion, la pensée reste une simple possibilité. Nous ne pensons pas encore. La bêtise n'est pas seulement un fait empirique, un accident qu'une méthode adéquate nous permettrait facilement d'éviter. Il s'agit d'un fait transcendantal, d'une structure de droit de la pensée, en tant que la différence est l'impensable au cœur de toute pensée.

Nous ne nous mettrions jamais à penser si quelque chose ne nous y forçait pas. Or ce qui contraint à penser, c'est la rencontre d'un signe intensif qui fait problème. Qu'est-ce qu'un signe ? Le signe est la chose ou le phénomène en tant qu'il enveloppe une différence. Nous l'avons vu : dans la nature la différence se présente d'abord comme succession temporelle, et tout phénomène se constitue dans la connexion d'au moins deux éléments extrinsèques qui se distinguent sous la catégorie de temps. C'est en ce sens que le phénomène ou le signe enveloppe le temps ou la différence. Tant que le signe est saisi comme un objet constitué, extensivement, sa différence constitutive ne peut pas apparaître. Mais dès lors qu'il est appréhendé génétiquement, en fonction de sa différence interne ou intensive, le voici qui présente l'autre face du phénomène. La pensée n'est plus bête, elle est idiote – l'idiot désignant chez Deleuze celui qui nie modestement ce que tout le monde sait : non pas celui qui ne voit pas le rapport, mais celui qui voit ce rapport comme un problème. À l'instar du personnage de Dostoïevski, l'idiot proteste passionnément, parce qu'il voit chaque chose comme un problème singulier qu'il lui faut découvrir (« ça ne ressemble à rien que je connaisse »). L'idiot est une sorte de voyant et c'est avec lui que la pensée naît à elle-même – et que le temps commence à faire son œuvre.

Deleuze considère l'intuition bergsonienne comme une « méthode » d'une grande valeur (*B*, p. 1). Le rationalisme ne parvenait au fondement de l'expérience qu'en régressant de l'identité de l'objet dans la représentation à sa forme d'identité finie ou infinie (déduction kantienne, dialectique platonicienne). Pour sa part, la méthode d'intuition ne trouve pas son point de départ dans une proposition de la conscience, sans quoi elle ne sortirait jamais de la représentation. Au contraire, elle saisit dans l'expérience une lueur qui lui fait appréhender la chose en fonction de sa différence constitutive. Elle permet ainsi non seulement de dissiper les faux problèmes qu'engendrent les illusions de la conscience, mais aussi et surtout de remonter aux véritables conditions de l'expérience en suivant le fil de la différence, de la durée. L'intuition bergsonienne remonte ainsi de la succession empirique du passé et du présent dans l'imagination à leur coexistence idéelle dans la mémoire du présent qui passe au passé qui se conserve. Dans cette régression aux conditions de l'expérience, l'essentiel est que le sens primordial de l'expérience est conservé puisque l'Idée ou le fondement n'a pas la forme du Même. En effet, pour Deleuze, l'Idée n'est pas une notion simple, c'est une structure complexe. Comme la mémoire, elle comporte une infinité de niveaux, et toutes les différences coexistent sur chaque niveau. L'Idée est tout sauf une fusion dans l'indifférencié (« la nuit où toutes les vaches sont noires ») ; au contraire, elle fourmille de différences libres et non liées, elle est peuplée de singularités préindividuelles et d'individuations impersonnelles, déterminations sauvages qui ne sont prises ni dans un individu constitué ni dans un sujet formé (« ah, *les* vaches ! »).

Les conditions de l'expérience réelle sont elles-mêmes l'objet d'une certaine expérience. Aux déterminations subreprésentatives qui peuplent l'Idée, objet de la pensée, correspond une réalité vécue, une expérience physique intensive, objet de la sensibilité. Pour

Deleuze, il revient à Nietzsche d'avoir découvert et exploré ce monde prodigieux, le monde de la volonté de puissance. S'il peut estimer, contrairement à Heidegger, que Nietzsche est le premier à avoir renversé le platonisme, c'est qu'en découvrant le monde de la volonté de puissance, Nietzsche découvre cette terre sauvage des différences libres et non liées, ce monde où les singularités préindividuelles et les individuations impersonnelles peuvent toutes coexister et communiquer, où toute forme d'identité a été dissoute, celle de l'Homme pas moins que celle de Dieu. Spéculativement, les choses ne sont plus mesurées à des principes transcendants (l'Idée platonicienne comme fondement identique à soi), ce sont désormais des modalités immanentes de la volonté de puissance (principe différentiel et génétique). Pratiquement, les êtres ne sont plus jugés au nom de valeurs supérieures à la vie (les formes abstraites du Vrai et du Bien), ils sont tous affirmés dans leur puissance immanente de métamorphose (puissance du faux). Le platonisme est renversé. Le crépuscule des illusions est aussi bien l'aurore de la pensée. Chez Nietzsche, la découverte du monde de la volonté de puissance ne se sépare pas d'une révélation : c'est, d'après Deleuze, que le monde de la volonté de puissance est voué à l'éternel retour. L'éternel retour n'est pas le retour du Même mais la répétition de la différence, non pas le cercle du Même mais le cercle de l'Autre. En effet, si les corps sont soumis à la destruction, si les êtres sont voués à la mort, ce qui résiste à la mort ce sont les forces qui composent les corps, les singularités pré-individuelles et les individuations impersonnelles qui constituent les corps et entrent sans cesse dans de nouveaux rapports.

La roue centrifuge de l'éternel retour expulse le négatif, privé de toute puissance de métamorphose, et ne retient que ce qui affirme intensément l'être.

L'exploration de ce nouveau monde, pourtant, ne se sépare pas d'un immense danger, celui de la folie, de la mort. Le monde de l'Idée est, à la lettre, à la limite du vivable. Les liaisons s'y font et s'y défont à une vitesse infinie, en un temps plus petit que le minimum de temps continu pensable. À peine ébauchées, aussitôt détruites. L'activité de liaison (Éros) suppose en effet une terrible puissance de déliaison (Thanatos), un instinct de mort qui opère dans le silence des profondeurs, énergie libre et non liée (*PSM*, p. 98-100). Et sans cette puissance de déliaison, l'Idée ne manquerait pas d'avoir la forme du Même, et d'évoquer ainsi l'Idée platonicienne, un fondement identique à soi. Si la bêtise était l'impuissance à faire la différence, la folie est l'impuissance à lier la différence. Seul un embryon, un sujet larvaire, un moi dissous pourraient supporter les mouvements terribles qui se tracent à la surface de l'Idée. À moins de devenir de tels individus, nous ne pouvons plus penser ce qui est pourtant l'objet le plus haut de la pensée, ni supporter ce qui est pourtant l'élément même de la vie. Car la vie organique ne se reproduirait pas sans une capacité à lier les différences libres, sans un effort de composition des forces. Car la pensée ne saurait rien saisir sans une aptitude à faire la synthèse des déterminations sauvages. Deleuze fera toujours témoigner ce vécu intensif et délirant contre les représentations pacifiées de la conscience. Mais justement, comment instaurer des liaisons entre les différences sans pourtant les dénaturer ? Ces singularités et individuations qui peuplent la profondeur de l'Idée, comment les faire parvenir à la surface et les exprimer sans les soumettre à la loi de l'identique ? Bref, ce monde, « comment le sauver *pour nous* ? » (*DR*, p. 115).

II. – Créer du nouveau (l'œuvre à faire)

Comment faire monter le fond sans dissoudre la forme ? Comment penser le subreprésentatif ? Comment faire du délire, de la schizophrénie, une possibilité de la pensée ? Tel est le problème de la pensée et de son œuvre. La révélation de l'éternel retour n'est pas un dogme, mais une tâche pratique : créer du nouveau, un nouveau pour toujours nouveau, et ainsi sauver ce monde pour nous en le rendant vivable et communicable. Cette exigence est double. Spéculativement, il s'agit d'exprimer l'Idée dans un signe, d'inscrire le sens dans le langage, sans que l'expression ne dénature l'exprimé. Pratiquement, il s'agit de plonger dans la profondeur intensive des différences sauvages sans se faire happer par le sans-fond, et de les remonter à la surface pour que l'œuvre conjure la folie. Mais comment trouver ce point où le fond monte à la surface sans dissoudre la forme, où l'un passe dans l'autre ?

1. **Dialectique des Idées, esthétique des signes.** L'anti-hégélianisme acharné de Deleuze ne doit pas nous faire oublier son attachement au concept de dialectique, du moins jusqu'à la fin des années 1960. La dialectique est le régime de pensée qui correspond aux Idées. Or, de Platon à Hegel, la dialectique a été dénaturée, elle

est devenue négation dans l'identique. Pour Deleuze, il faut donc la rétablir dans son essence, comme affirmation de la différence. Au XXe siècle, deux courants de pensée y contribuèrent grandement : le courant empiriste et pluraliste marqué par les travaux de Jean Wahl, qui suggéra la possibilité d'une dialectique non hégélienne de la différence ; le courant épistémologique français, et notamment Albert Lautman, qui employa le concept de dialectique à l'intersection de la philosophie et des mathématiques et montra le caractère problématique de l'Idée.

(A) *L'Idée est une structure complexe qui concerne toute pensée (différentiation).* – Ce premier aspect définit la transcendance de l'Idée, par rapport à laquelle les sciences, l'art ou la philosophie n'ont aucun privilège. Comme coexistence intrinsèque des différences, l'Idée est un système de liaisons virtuelles entre éléments idéels. Deleuze nomme ces éléments « singularités préindividuelles », et ces liaisons « individuations impersonnelles ». En premier lieu, l'Idée jouit d'une consistance autonome, celle du problème. Deleuze ne cesse de le rappeler : le problème n'est pas une ignorance subjective provisoire, mais une dimension objective de la pensée et de l'expérience. En second lieu, l'Idée n'est pas une notion simple, mais un thème complexe, une structure différen*t*iée. Au sens strict, elle est indifféren*c*iée puisque les différences lui sont intérieures, mais elle est différen*t*iée puisque les différences n'y sont pas pour autant résorbées, se déterminant réciproquement au sein de l'Idée. En troisième lieu, l'Idée n'est pas un plan à une dimension, mais un volume à *n* dimensions, comme un gigantesque cône avec une infinité de niveaux, chaque niveau correspondant à un domaine de la pensée, chacun étant constellé d'une multiplicité de singularités. Il y a ainsi des Idées mathématiques, physiques, biologiques, sociales, mais aussi des Idées philosophiques ou artistiques.

(B) *Chaque niveau dialectique d'Idée s'exprime nécessairement (dramatisation).* – Ce deuxième aspect définit l'immanence de l'Idée. C'est que l'Idée se phénoménalise nécessairement, ses liaisons virtuelles entre éléments idéels différen*t*iés s'exprimant dans des relations actuelles entre éléments empiriques différen*c*iés. Ainsi, quoique l'Idée-problème diffère en nature des solutions qui viennent la recouvrir, elle n'existe pas indépendamment d'elles. Aussi Deleuze déclare-t-il qu'il faut traiter les Idées « comme des potentiels déjà engagés dans tel ou tel mode d'expression et inséparables du mode d'expression » : « On n'a pas une idée en général. Une idée – tout comme celui qui a l'idée – est déjà vouée à tel ou tel domaine. C'est tantôt une idée en peinture, tantôt une idée en roman, tantôt une idée en philosophie, tantôt une idée en science » (*DRF*, p. 291). Cependant, si ce mouvement d'expression donne lieu à des phénomènes actuels, il constitue lui-même une sphère autonome de la réalité. Cette sphère intercalée entre la différen*t*iation de l'Idée et la différen*c*iation du phénomène, Deleuze la nomme « individuation » ou « dramatisation », en référence à la théorie freudienne du rêve où la dramatisation désigne le processus de spatio-temporalisation de la pensée dans l'inconscient du rêveur. L'Idée devient scénario. Ce sont les actes de ce drame qu'éprouve le penseur, tout un théâtre de la pensée qui coïncide avec l'individuation conjointe du penseur et de ses idées.

(C) *Une Idée s'exprime dans des signes spécifiques (différenciation).* – Ce troisième aspect définit les signes sensibles propres à chaque type d'Idée : « ce qu'on pourrait appeler Idées, ce sont ces instances qui s'effectuent tantôt dans des images, tantôt dans des fonctions, tantôt dans des concepts. Ce qui effectue l'Idée, c'est le signe » (*Pp*, p. 92). À la dialectique des Idées correspond donc nécessairement une esthétique des signes. Cette esthétique des signes concerne au même titre l'art, la philosophie et la science. Simplement, les signes de la science expriment le mouvement d'actualisation de l'Idée dans des champs empiriques, tandis que les signes de l'art et de la philosophie expriment le mouvement de contraction de l'Idée vers la pure différence interne. Autrement dit, Deleuze répartit l'art et la philosophie sur un plan, et la science sur l'autre. Il ne s'agit cependant pas d'un dualisme substantiel comme chez Descartes mais des deux moitiés d'un seul absolu comme chez Bergson ou Spinoza. Chez Deleuze, le dualisme est expressionniste ou il n'est pas. Cela signifie qu'il n'y a pas de hiérarchie entre les formes de pensée, parce que leur dualité renvoie au double mouvement de l'expression : la science parcourt une moitié de l'absolu, le mouvement d'explication dans la matière (Nature), et invente les fonctions qui le déterminent ; l'art et la philosophie parcourent l'autre moitié, le mouvement de complication dans l'esprit (Pensée), et fabriquent les images et les concepts qui expriment l'Idée en tant que telle. Science, art et philosophie pensent donc la même chose, la même réalité, mais sous deux faces différentes. Et toujours, c'est la notion de signe qui est au cœur de leur rapport. Le signe a en effet un double aspect qui correspond au double mouvement de l'expression : expression phénoménale de l'Idée, il est à cheval sur les deux côtés de l'absolu, ayant une moitié actuelle qui effectue la puissance d'exister en tant qu'il s'étend dans la matière, et une moitié virtuelle qui participe de la puissance de penser en tant qu'il contracte la différence – nature et pensée. Il faut donc dire deux choses à la fois : d'une part, que la science, l'art et la philosophie peuvent avoir des problèmes communs en tant qu'ils participent à la dialectique des Idées (d'où la possibilité d'une résonance entre problèmes scientifiques, artistiques et philosophiques) ; d'autre part, qu'ils s'y disjoignent en tant qu'ils expriment cette dialectique dans des signes spécifiques (d'où l'impossibilité de les hiérarchiser).

Quel est alors l'objet de l'œuvre ? D'une part, il s'agit de produire des signes sensibles qui forcent à penser, qui mettent la pensée en mouvement. Et pour qu'ils y parviennent, il est nécessaire que ces signes soient indiscernables de leur différence constitutive, condition de leur répétition. C'est élever la chose à l'état de simulacre intensif, où elle ne se distingue plus de l'Idée qu'elle incarne et présente directement la différence ou le temps à l'état pur, vouée ainsi à l'éternel retour. D'autre part, il s'agit de trouver un mode de relation entre ces signes qui conjure la formation d'une nouvelle unité et permette à chacun de s'exprimer dans sa différence même. C'est donner à l'œuvre une « cohérence supérieure », que Deleuze nomme « chao-errance » ou

« chaosmos ». Pour cela, il ne suffit pas que l'œuvre compose plusieurs perspectives et autorise plusieurs interprétations, il faut encore qu'à chaque point de vue ou interprétation corresponde une œuvre autonome, « comprise dans le chaos d'une grande-œuvre ». Ainsi le *Livre* de Mallarmé, *Finnegans Wake* de Joyce, les *Fictions* de Borges sont des « œuvres par nature problématiques », parce que l'identité de la chose lue se dissout dans des perspectives incompatibles, autant que l'identité du sujet lisant se dissout dans les multiples lectures possibles (*DR*, p. 94-95). Sous ces deux aspects, l'œuvre doit s'élever à la différence ou au temps à l'état pur, point d'indiscernabilité de l'Idée dialectique et du signe esthétique, mouvement dramatique de la pensée.

2. **L'essence, unité du signe et du sens.** – Ce problème de l'œuvre est d'abord celui de Proust. Et si, chez lui, ce problème concerne l'art, Deleuze le revendique au même titre pour la philosophie. À quelles conditions exprimer le temps ou la différence dans une œuvre ? L'art nous révèle la réponse : « l'unité d'un signe immatériel et d'un sens tout spirituel » (*PS*, p. 53). Cette unité, Deleuze la nomme « essence ». Lorsqu'il emploie ce terme (que ce soit à propos de Spinoza, Nietzsche ou Proust), on n'y verra pas le retour d'une entité métaphysique analogue à l'Idée platonicienne. Un signe peut avoir autant de sens qu'il y a de forces qui s'emparent de lui. Mais on appellera essence le maximum d'affinité entre un signe et son sens, entre un phénomène empirique et sa condition idéelle. Cette affinité ou cette unité désigne le circuit le plus court entre un signe actuel et son image virtuelle, synthèse disjonctive ou Différence

qui rassemble. « L'Essence est précisément cette unité du signe et du sens, telle qu'elle est révélée dans l'œuvre d'art. […] C'est une différence, la Différence ultime et absolue. C'est elle qui constitue l'être, qui nous fait concevoir l'être » (*PS*, p. 51-53). Considérons tour à tour ces deux aspects de l'essence, le signe immatériel et le sens spirituel.

Qu'est-ce qu'un signe immatériel ? Et d'ailleurs, comment un signe ou un phénomène, qui a nécessairement une existence physique et sensible, peut-il être immatériel ? Un signe immatériel est le phénomène appréhendé sous sa face intensive : ce n'est donc pas un autre phénomène mais une autre face du phénomène, celle qui s'adresse à l'exercice supérieur de la sensibilité. Appréhendé intensivement, le phénomène se présente alors indépendamment de l'étendue et des qualités actuelles qui le recouvrent, tout en conservant l'existence physique propre à l'intensité. C'est un corps transparent qui réfracte l'essence, une matière spiritualisée, à l'image de la petite phrase de Vinteuil ou des gestes de la Berma dans *À la recherche du temps perdu*. « Sans doute la petite phrase de Vinteuil s'échappe du piano et du violon. Sans doute elle peut être décomposée matériellement : cinq notes très rapprochées, dont deux reviennent. Mais il en est comme chez Platon, où 3 + 2 n'explique rien. Le piano n'est là que comme l'image spatiale d'un clavier d'une tout autre nature ; les notes, comme "l'apparence sonore" d'une entité toute spirituelle. […] À son tour, la Berma se sert de sa voix, de ses bras. Mais ses gestes, au lieu de témoigner de "connexités musculaires", forment un corps transparent qui réfracte une essence, une Idée. Les actrices médiocres ont besoin de pleurer pour faire signe que leur rôle comporte la douleur. [...] Mais toutes les expressions de la Berma, comme chez un grand violoniste, sont devenues des qualités de timbre. Dans sa voix, “ne subsistait pas un seul déchet de matière inerte et réfractaire à l’esprit” » (*PS*, p. 51-52).

Nous avons moins de mal à concevoir ce qu’est un sens spirituel. Si le signe n’est pas nécessairement immatériel, le sens n’est-il pas toujours spirituel ? La formule précise néanmoins : « un sens *tout* spirituel ». Qu’est-ce à dire ? Dans *Proust et les signes*, le sens est défini de manière leibnizienne, expressionniste : le sens est l’exprimé, il est un monde exprimé. Or nous savons que le monde exprimé n’existe pas hors du sujet qui l’exprime, bien qu’il en diffère réellement. Le monde exprimé en général est le champ de l’Idée défini comme continuum de singularités ; en revanche, un monde exprimé par tel sujet en particulier, sous tel point de vue, est un prélèvement de singularités en rapport sur ce même continuum. D’un côté, ces singularités préindividuelles et individuations impersonnelles jouissent d’une forme de transcendance, parce qu’elles appartiennent à l’Idée et diffèrent en nature des individus constitués et des sujets formés qui les incarnent. Mais d’un autre côté, le monde exprimé ne subsiste pas hors du sujet qui l’exprime, de même que l’Idée est nécessairement engagée dans un mouvement d’immanence qui la conduit à s’actualiser. Par « sens tout spirituel », Deleuze n’entend donc rien d’autre qu’une Idée-problème saisie dans sa forme de transcendance par rapport à son actualisation sensible, un monde possible appréhendé en dehors de l’individu constitué qui l’effectue – bref, un événement pur saisi indépendamment de son effectuation spatio-temporelle. Telle est et telle sera toujours l'œuvre d'art pour Deleuze, l'expression d'un monde possible rendu indépendant du sujet qui l'exprime. Proust le savait bien : « Par l'art seulement, nous pouvons sortir de nous, savoir ce que voit un autre de cet univers qui n'est pas le même que le nôtre et dont les paysages nous seraient restés aussi inconnus que ceux qu'il peut y avoir dans la Lune. Grâce à l'art, au lieu de voir un seul monde, le nôtre, nous le voyons se multiplier, et autant qu'il y a d'artistes, autant nous avons de mondes à notre disposition, plus différents les uns des autres que ceux qui roulent dans l'infini[1]... »

3. **Exprimer l'événement (littérature, philosophie).** – *Proust et les signes* et *Différence et répétition* laissaient un problème en suspens : comment exprimer un monde possible dans le langage ? Tel est l'enjeu principal de *Logique du sens*, dernier ouvrage de la période pré-guattarienne. Cet enjeu est éthique autant que noétique, car exprimer l'Idée dans le langage, c'est donner une forme vivable et pensable au subreprésentatif. C'est en même temps lutter contre deux dangers symétriques : contre les souffrances de la folie et contre le bavardage de la représentation. Il revient à la philosophie et à la littérature de pénétrer dans cet étroit défilé, entre l'effondrement schizophrénique du langage et les banalités du langage ordinaire.

Si la logique du sens donne son titre au dernier ouvrage de la période pré-guattarienne, elle était déjà

1. M. Proust, *À la recherche du temps perdu. Le Temps retrouvé*, cité in *PS*, p. 55.

le thème d'un des tout premiers textes de Deleuze : la recension, en 1954, du livre de Jean Hyppolite sur Hegel, *Logique et existence* (*ID*, p. 18-23). Deleuze y rappelait plusieurs choses : qu'après Kant, la pensée n'a plus pour objet une essence transcendante située au-delà de notre monde mais le sens immanent de ce monde-ci, ses conditions transcendantales ; corrélativement, que la dialectique n'est plus un discours métaphysique mais une logique transcendantale ou une logique du sens ; enfin, que ce déplacement de l'objet de la pensée n'est pas sans transformer notre rapport au langage et au modèle de la proposition. On sait que l'histoire de la philosophie a longtemps été dominée par la logique aristotélicienne et le modèle de la *proposition attributive ou prédicative* (S est P) : dans ce modèle, l'attribution d'un prédicat à un sujet repose sur la distinction substance-accident et opère au moyen d'une copule (« l'arbre est vert »). Seulement, puisque la copule y désigne un simple acte de liaison dans la pensée, le rapport attributif n'implique aucun engagement ontologique ou existentiel. L'existence n'étant pas un prédicat, la logique formelle héritée d'Aristote ne peut donc éviter d'être assimilable à une pensée abstraite, encore hypothétique. On a donc pu lui opposer une autre logique, empirique ou psychologique, fondée sur la *proposition existentielle* (*x* est) : dans ce modèle, la proposition ne dispose pas nécessairement d'un prédicat et surtout elle affirme l'existence de la chose. D'ailleurs, il est vrai que sur le plan psychologique, dans l'usage empirique du langage, toute proposition est grosse d'une valeur existentielle : lorsque je dis que l'arbre est vert, je présuppose que l'arbre existe. Une telle logique prétend ainsi porter au-delà du concept abstrait, sur l'existence concrète, actuelle et empirique. Le verbe être n'y a plus valeur de copule, il désigne désormais l'acte d'exister (« Dieu est »). Pourtant, dans les deux cas la proposition conserve l'essentiel, à savoir l'attribution de l'accident à une substance au moyen du verbe être. Ce qui est manqué en revanche, c'est l'événement, hors de l'opposition de la substance et de l'accident, de l'essence et de l'existence. Aussi la logique du sens doit-elle lutter sur un double front : « empêcher toute confusion dogmatique de l'événement avec l'essence, mais aussi toute confusion empiriste de l'événement avec l'accident » (*LS*, p. 69).

Mais qu'est-ce donc que le sens ou l'événement ? Ils définissent ensemble les deux voies dans lesquelles s'actualise l'Idée : elle est *événement* en tant qu'elle s'incarne dans un état de choses (attribut des corps), elle est *sens* en tant qu'elle se dit dans des énoncés (exprimé de la proposition). Mais l'événement est en lui-même incorporel, comme le sens est en lui-même extra-propositionnel, car, de même que le virtuel diffère de l'actuel, l'événement diffère des états de choses auxquels il survient, comme le sens diffère des propositions dans lesquelles il s'exprime. À la suite des stoïciens et de Leibniz, Deleuze substitue la corrélation individu-événement au rapport substance-accident qui régissait les deux formes précédentes de la proposition : désormais, la proposition ne porte plus sur ce qui est mais sur ce qui arrive, et l'événement qui s'attribue au sujet individuel est exprimé par le verbe, lequel rompt avec la fonction de copule en même temps qu'il absorbe le prédicat. « Dion se promène », « le couteau tranche la chair », « Adam pèche », « César franchit le Rubicon », « l'arbre verdoie », chacune de ces propositions exprime un événement qui survient aux corps. Mais comment exprimer l'événement indépendamment du corps qui l'incarne actuellement ? Comment en dire la part ineffectuable ? Pour Deleuze, le privilège d'exprimer adéquatement l'événement revient à l'infinitif : ainsi chez Leibniz, « pécher », « être le premier homme », « vivre dans un jardin » sont les prédicats de l'individu « Adam », les pures singularités-événements qui lui surviennent et qui composent son concept ; pour César, c'est « franchir le Rubicon », « être assassiné par Brutus », etc. (*LS*, p. 136 ; *P*, chap. 4). Ces prédicats ont une réalité virtuelle indépendante des corps et ils communiquent tous entre eux. Ce champ transcendantal sans sujet, cette structure virtuelle des prédicats-événements fait l'objet de la logique du sens, et fonde pour Deleuze l'alliance paradoxale de la philosophie transcendantale et du structuralisme.

D'après Deleuze, le structuralisme est inséparable de la thèse suivante : le sens est l'effet d'une distribution virtuelle d'éléments idéels « qui ne sont pas eux-mêmes signifiants » (à l'instar des phonèmes dans la langue). Or cette distribution est elle-même mouvante (*ID*, p. 244), et le sens retomberait à l'état de représentation abstraite s'il ne renvoyait au non-sens comme à une instance plus profonde qui en assure la genèse, différence mobile sans identité qui parcourt le domaine de l'Idée pour en redistribuer sans cesse les éléments, instance aléatoire qui redécoupe sans cesse les rapports entre les propositions et les corps. L'exigence de dire l'événement et de l'arracher à la représentation, tâche assignée à l'art et à la philosophie, implique donc d'exprimer ce principe de mutation au sein de la structure qu'il anime : rattacher le sens au non-sens dont il est l'effet, parvenir à la « coprésence » du non-sens avec le sens, tel est pour Deleuze le seul moyen de conjurer tant l'identité de la représentation que les confusions de la folie (*LS*, p. 166). Car si Deleuze ne cesse d'insister sur la folie qui menace le penseur, véritable leitmotiv de *Logique du sens*, c'est que, sous le terme de non-sens, nous ne devons pas seulement voir une allusion au goût des paradoxes ou à l'humour britannique (*nonsense*) mais aussi l'évocation d'une irréversible folie où s'abîme le langage (schizophrénie). On n'en conclura pas que le langage est pour Deleuze le champ d'expression symbolique de la pensée, sauf à préciser qu'il s'agit là d'un « langage ésotérique », d'un « métalangage » qui frise le non-sens. Aussi la philosophie et la littérature ont-elles bien le langage pour moyen d'expression, mais elles le portent à sa limite intensive, dans une langue qui s'alimente davantage aux aphorismes de Nietzsche et aux cris d'Artaud qu'au discours de la raison. Il n'est pas étonnant, dès lors, que le non-sens jouisse d'un statut ambivalent dans *Logique du sens*. Car si la pensée s'y alimente, puisque c'est le non-sens qui engendre le sens, c'est aussi lui qui menace chaque fois d'engloutir le sens, et avec lui toute la pensée et le langage. Cette tension, qui se répercute sur l'appréciation des figures de Nietzsche et d'Artaud, signale la précarité du partage entre l'œuvre et la folie.

Comment extraire une œuvre de la folie ? Qu'en est-il de la philosophie ? Nous savons maintenant que les concepts philosophiques sont des signes qui disent l'événement. Mais quelle doit être leur relation au sein de l'œuvre ? Quelle est cette cohérence supérieure assurant qu'ils ne reforment pas une nouvelle totalité ? Les concepts constituent des complexes autonomes, des fragments ou des blocs. Mais comment des fragments ou des blocs peuvent-ils faire système sans cesser de valoir comme tels, à la manière d'un patchwork ou d'un mur de pierres sèches ? Il faut que les concepts communiquent et résonnent entre eux de telle sorte que, comme les liaisons virtuelles dans l'Idée, ils se rapportent continûment et immédiatement les uns aux autres. Et il est vrai, nous l'avons vu, que cette exigence s'applique particulièrement bien à l'œuvre de Deleuze, chez qui les concepts semblent sans cesse passer les uns dans les autres, au sein d'un même livre et d'un livre à l'autre. Et si *Différence et répétition* conserve une structure relativement classique, l'organisation sérielle de *Logique du sens* témoigne déjà de l'effort de Deleuze pour adapter les moyens d'expression aux nouvelles exigences conceptuelles. L'œuvre est un système qui s'est élevé au monde de la volonté de puissance, et qui est donc voué à l'éternel retour.

À ce niveau se révèle l'unité de la pensée et de la vie, de la création et de l'éthique, dans une transmutation du langage et de la volonté inspirée de l'*amor fati* stoïcien. Car dire l'événement, même la folie, la maladie ou la mort, c'est vouloir « non pas exactement ce qui arrive, mais quelque chose *dans* ce qui arrive », à la manière du poète Joë Bousquet qui parvient à concevoir la blessure qui l'a paralysé comme un événement pur existant indépendamment de lui : « Ma blessure existait avant moi, je suis né pour l'incarner[1] » (*LS*, p. 175). Comme dans la tradition alchimiste, le travail de l'œuvre consiste à convertir une matière vile en une matière noble, à transformer le plomb en or. « Dégager pour chaque chose "la portion immaculée" », extraire la part spirituelle de chaque matière et lui donner une consistance autonome – telle est l'opération de transmutation ou la production de l'œuvre qui accomplit la critique (*LS*, p. 177).

*

Pourquoi Deleuze opère-t-il un « passage à la politique » à la fin des années 1960 ? Pour y répondre, on invoque souvent trois raisons : la rencontre avec Guattari et les événements de Mai 68 ; les difficultés théoriques résiduelles de *Logique du sens* ; le projet d'écrire un livre de philosophie politique, *L'Anti-Œdipe*. Mais on remarquera aussi que les principales thèses de *L'Anti-Œdipe* étaient déjà en germe dans *Nietzsche et la philosophie*, dix ans plus tôt, lorsque Deleuze établissait le programme critique. Au sujet de ce programme, il affirmait d'ailleurs : « Si la besogne critique de la philosophie n'est pas activement reprise à chaque époque, la philosophie meurt, et avec elle l'image du philosophe et de l'homme libre » (*NPh*, p. 122). Et s'il faut reprendre une telle besogne, rompre avec le présent et créer un nouvel avenir, c'est qu'à la fin des années 1960 Deleuze n'a pas encore réalisé la critique. Dans *Nietzsche et la philosophie*, il en a formulé les exigences pour montrer comment Nietzsche les avait accomplies en son temps et pour son compte.

1. J. Bousquet, cité in *LS*, p. 174.

Simplement, la critique n'est jamais réalisée « une fois pour toutes ». C'est au contraire une tâche qu'il faut reprendre « chaque fois et pour toutes les fois ». Chaque fois, parce que l'opinion prend sans cesse de nouvelles figures, parce que la bêtise et la bassesse forment chaque fois de nouvelles alliances dans la réalité historique, et qu'à chaque époque la philosophie doit rompre avec elles. Mais pour toutes les fois, parce que cette rupture n'est qu'un préalable à la prodigieuse affirmation de nouvelles possibilités d'existence, dont l'essentielle nouveauté est fixée dans une œuvre qui résiste à la mort. Tels sont les deux aspects de la critique. Cette tâche, Deleuze entend la réaliser avec Guattari : ce qu'il disait, il faut maintenant le faire. « J'essayais dans mes livres précédents de décrire un certain exercice de la pensée ; mais le décrire, ce n'était pas encore exercer la pensée de cette façon-là. [...] Voilà que, avec Félix, tout cela devenait possible, même si nous rations » (*D*, p. 23).

Chapitre II

CRITIQUE ET POLITIQUE

L'Anti-Œdipe et *Mille Plateaux* sont les deux volumes d'un projet de philosophie politique intitulé *Capitalisme et schizophrénie*. On serait tenté de dire : *L'Anti-Œdipe* se charge de la part négative de la critique, et *Mille Plateaux* de sa part affirmative. Ce serait encore trop simple, puisque ces deux tâches sont nécessairement menées en même temps et coexistent dans chaque livre. Reste que *L'Anti-Œdipe* entend surtout dénoncer les mécanismes par lesquels s'exerce la répression du désir (d'où la polémique avec la psychanalyse inscrite dans le titre, d'où le caractère encore introductif du dernier chapitre du livre), tandis que *Mille Plateaux* entend essentiellement affirmer, c'est-à-dire extraire et prolonger, les lignes de fuite qui traversent chaque chose comprise comme multiplicité (d'où les adieux à la psychanalyse au début du livre, d'où la promotion constante d'une autre pratique de la pensée). Aussi ces deux volumes forment-ils un cycle où s'accomplit le projet commun de Deleuze et Guattari.

I. – L'auto-répression du désir (*L'Anti-Œdipe*)

Dans *L'Anti-Œdipe*, Deleuze et Guattari affirment : « le problème fondamental de la philosophie politique reste celui que Spinoza sut poser (et que Reich a redécouvert) : "Pourquoi les hommes combattent-ils *pour* leur servitude comme s'il s'agissait de leur salut ?" Comment arrive-t-on à crier : encore plus d'impôts ! moins de pain ! Comme dit Reich, l'étonnant n'est pas que des gens volent, que d'autres fassent grève, mais plutôt que les affamés ne volent pas toujours et que les exploités ne fassent pas toujours grève : pourquoi des hommes supportent-ils depuis des siècles l'exploitation, l'humiliation, l'esclavage, au point de les *vouloir* non seulement pour les autres, mais pour eux-mêmes ? » (*AŒ*, p. 39). En Allemagne au début des années 1930, les théoriciens de l'École de Francfort demandaient : comment expliquer l'échec de la révolution prolétarienne et le ralliement des ouvriers aux sirènes du national-socialisme ? En France au début des années 1970, Deleuze et Guattari demandent à leur tour : comment expliquer l'échec de 1968 et le tournant réactionnaire qui l'accompagne ? Encore et toujours, « c'est cela qu'il faut expliquer, cette perversion du désir grégaire » (*AŒ*, p. 39).

1. **Production désirante et production sociale.** Dans cette formulation inspirée de Spinoza, l'essentiel est d'abord la transformation du problème. Traditionnellement, la philosophie politique invoquait deux explications concurrentes (quoique susceptibles

d'être combinées) pour rendre compte du pouvoir et de sa reproduction : « Le pouvoir agirait par violence ou par idéologie, tantôt il réprimerait, tantôt il tromperait et ferait croire, tantôt police et tantôt propagande » (*F*, p. 36). Mais comme Deleuze l'avait déjà remarqué dans sa théorie de l'institution sociale, l'alternative ne semble pas valable car elle repose sur un double postulat : que le pouvoir est extérieur aux masses et qu'il a une fonction négative (voir *ES*, chap. II ; *II*, p. VIII-XI). Or le pouvoir est coextensif à tout le champ social, parce qu'il n'est pas l'attribut d'une classe qui le détiendrait mais une relation qui passe par les dominés autant que par les dominants ; de plus, il a une fonction positive, parce qu'il produit du réel et du vrai avant de réprimer et d'idéologiser. En découle le paradoxe de la philosophie politique : comment expliquer que le désir en vienne à produire un pouvoir répressif, et à exercer ce pouvoir contre lui-même ? Il y a une *auto-répression du désir*, « bien que ce soit une étrange aventure pour le désir, de désirer la répression » – et c'est cette aventure qu'il s'agit de retracer (*AŒ*, p. 42).

Lorsque Deleuze et Guattari affirment qu'il faut expliquer comment le désir en vient à se réprimer lui-même, la formulation du problème enveloppe déjà deux thèses. Premièrement, l'*auto*-répression du désir signifie qu'il y a une *identité de nature* entre la production désirante et la production sociale. On ne croira donc pas que le désir et le social se distinguent comme une production subjective (réalité psychique) et une production objective (réalité matérielle), ni qu'il y ait projection du désir sur le social ou inversement application du social sur le désir. Contrairement au courant freudo-marxiste,

Deleuze et Guattari considèrent qu'il y a une « coextension du champ social et du désir » : le désir appartient à l'infrastructure, de même que le social n'est rien d'autre que du désir (*AŒ*, p. 39). Mais si le désir et le social sont la même chose, comment répondre au problème posé ? Il faut donc ajouter, deuxièmement, que l'auto-*répression* du désir signifie aussi qu'il y a une *différence de régime* entre la production désirante et la production sociale, que le désir ne fonctionne pas de la même manière en tant qu'il réprime et en tant qu'il est réprimé. Autrement dit, la production sociale reste identique à la production désirante, mais « dans des conditions déterminées ». Ce sont ces conditions qu'analyse *L'Anti-Œdipe*.

S'ils empruntent à Spinoza la formulation du problème fondamental de la philosophie politique, c'est à Nietzsche que Deleuze et Guattari doivent en partie leur réponse. Pour retracer l'étrange aventure du désir, *L'Anti-Œdipe* reprend en effet les grandes lignes du « triomphe des forces réactives dans l'histoire » analysé dix ans plus tôt dans *Nietzsche et la philosophie*, le désir de la répression deleuzo-guattarien n'étant pas sans rappeler le nihilisme de la volonté nietzschéen. Ici comme là-bas, il s'agit toujours de *démonter le mécanisme d'intériorisation de la répression dans l'inconscient*. Nous reconnaissons là en tout cas la première tâche de la critique. La destruction du monde de la représentation devient dénonciation des opérations sociales par lesquelles le désir inconscient se coupe de son essence productive. Pourtant, il y a là plus qu'un simple changement de langage. Il ne suffit pas de dire que *L'Anti-Œdipe* brasse de larges domaines du savoir (ethnologie, anthropologie, psychanalyse, psychiatrie, histoire, économie politique, littérature), adopte une pratique originale de l'écriture et les met au service d'une nouvelle philosophie politique. Dans l'élargissement de la philosophie critique à la philosophie politique, l'essentiel est surtout l'introduction de nouveaux éléments qui transforment l'ensemble : d'abord, l'analyse de la répression sociale passe désormais par une théorie originale de la production désirante de l'inconscient ; ensuite, cette théorie se déploie dans une typologie des formations sociales ; enfin et surtout, ces développements autorisent un diagnostic des formes actuelles de la répression, dont le cœur se trouve dans le rapport entre le capitalisme et le familialisme œdipien.

2. **Les machines désirantes.** – Le célèbre incipit de *L'Anti-Œdipe* nous plonge d'emblée dans la machinerie du désir : « Ça fonctionne partout, tantôt sans arrêt, tantôt discontinu. Ça respire, ça chauffe, ça mange. Ça chie, ça baise. Quelle erreur d'avoir dit *le* ça. Partout ce sont des machines, pas du tout métaphoriquement » (*AŒ*, p. 9). La théorie des machines désirantes est une nouvelle variante des thèses constitutives de l'empirisme. Cependant la théorie est cette fois dirigée contre la représentation psychanalytique de l'inconscient. Pour Deleuze et Guattari, les machines désirantes sont des multiplicités définissables suivant les trois moments d'un cycle de production : synthèse connective de production, synthèse disjonctive d'enregistrement et synthèse conjonctive de consommation. Ces trois synthèses constituent le régime schizophrénique de la production désirante, son essence ou son processus primaire.

La première synthèse, *synthèse connective de production*, détermine le mode de formation des « pièces travailleuses » des machines désirantes : les organes ou objets partiels. Cette synthèse est dite *connective* parce que les machines désirantes fonctionnent d'abord par connexion, couplage ou association. La connexion suit un régime binaire et linéaire : binaire, parce qu'« il y a toujours une machine productrice d'un flux, et une autre qui lui est connectée, opérant une coupure, un prélèvement de flux (le sein – la bouche) » ; linéaire, parce que cette activité connective est illimitée, chaque machine qui coupe le flux d'une autre émettant à son tour un flux qui se voit coupé par une autre, et ainsi de suite indéfiniment (*AŒ*, p. 13). Ce premier moment de la production désirante constitue une *production de production* puisque les organes que produit la synthèse connective sont les unités de production des machines désirantes. En effet, une machine-organe se constitue chaque fois qu'un flux en coupe un autre et en prélève un fragment : ainsi, une machine-anus se constitue chaque fois qu'un flux de merde est coupé ; une machine-bouche naît en couplage avec un flux de lait, un flux d'air ou un flux sonore ; une machine-pénis comme coupure-prélèvement d'un flux d'urine ou de sperme, etc. L'essentiel est ici que, comme dans le bricolage, ces organes-objets hétérogènes ne jouissent d'aucune spécificité, qu'ils peuvent donc tous se connecter et fonctionner ensemble, et qu'ils entrent ainsi dans un cycle immanent où le produit se trouve constamment réintégré dans le produire. Sous ce premier aspect, Deleuze et Guattari peuvent rendre hommage à Melanie Klein d'avoir découvert la nature des objets partiels, tout en lui reprochant d'avoir méconnu la logique autonome qui les régit. En effet, les objets partiels ne sont pas soumis à un axe de développement pré-orienté sur les formes ultérieures de totalisation d'un moi et d'un objet complet, ce sont des objets fragmentaires prélevés sur un continuum impersonnel indifférent à toute distinction de nature (sujet-objet, matériel-psychique, biologique-social, etc.) et produisant un corps là où la circulation de l'énergie libidinale le fait fonctionner.

La deuxième synthèse, *synthèse disjonctive d'enregistrement*, détermine le mode d'inscription des relations entre les organes. Cette synthèse est dite *disjonctive* parce que la connexion des organes les fait entrer dans des rapports de disjonction, comme autant d'alternatives entre des usages possibles. Ainsi « un organe peut être associé à plusieurs flux d'après des connexions différentes ; il peut hésiter entre plusieurs régimes, et même prendre sur soi le régime d'un autre organe (la bouche anorexique). [...] Faut-il, ou ne faut-il pas s'étouffer avec ce qu'on mange, avaler l'air, chier avec sa bouche ? Partout les enregistrements, les informations, les transmissions forment un quadrillage de disjonctions » (*AŒ*, p. 48). Ce deuxième moment de la production désirante constitue une *production d'enregistrement* puisque les rapports disjonctifs qui s'établissent entre les organes s'enregistrent dans l'inconscient, y formant une sémiotique ou un code. Néanmoins, les disjonctions sont inclusives et non pas exclusives : c'est pourquoi il n'y a pas de contradiction pour le schizophrène entre manger et parler, être homme et femme, parent et enfant, mort et vivant, non pas qu'il confonde les deux, mais au sens où il passe par tous les termes de l'alternative. Sous ce deuxième aspect, Deleuze et Guattari peuvent saluer Lacan d'avoir découvert le riche domaine sémiotique du code de l'inconscient, tout en refusant de le suivre dans son interprétation inspirée de la linguistique structurale : l'inconscient n'est pas structuré comme un langage. Il est vrai que, à l'instar des phonèmes dans la langue, les éléments en rapport ne sont pas eux-mêmes signifiants. Seulement, ces éléments sont de nature quelconque, trop hétérogènes, et forment un jargon plutôt qu'un langage : s'y entremêlent des éléments hétéroclites, des phonèmes avec la moustache de papa, le bras levé de maman, un ruban, une petite fille, une image d'éléphant, un flic, un soulier, etc. De plus, leur rapport de disjonction incluse les empêche de constituer une structure de différenciation exclusive : à l'opposé du complexe d'Œdipe opérant la différenciation entre les générations et les sexes, il faut affirmer comme Artaud le Schizo : « Moi Antonin Artaud, je suis mon fils, mon père, ma mère et moi [1]. »

Les machines désirantes sont des multiplicités dont les parties ne forment jamais un tout, un corps qui ne constitue jamais un organisme unifié. C'est qu'une tension s'introduit nécessairement dans le cycle de production. Si « les machines désirantes nous font un organisme » par les liaisons qu'elles opèrent constamment, « au sein de cette production, dans sa production même, le corps souffre d'être ainsi organisé, de ne pas avoir une autre organisation, ou pas d'organisation du tout » (*AŒ*, p. 15-16). L'instance d'antiproduction qui procède au

1. A. Artaud, *Suppôts et supplications*, cité in *AŒ*, p. 23.

décodage des flux désirants, tel est ce que Deleuze et Guattari nomment après Artaud le « corps sans organes ». À l'instar de l'instinct de mort, il désigne à la fois la stase improductive dans la production désirante et l'agent du renouvellement de cette même production. Le corps sans organes oscille donc entre deux pôles : d'un côté, il repousse l'asphyxie de la production qu'implique la tendance à l'organisation, vivant la production des organes comme un appareil de persécution – moment répulsif, pôle paranoïaque ; de l'autre, il attire les organes à lui et les fait fonctionner sous un autre régime, les régénérant comme s'il les avait lui-même miraculeusement produits – moment attractif, pôle schizophrénique. Et cette opposition est indépassable, puisqu'il n'y a pas plus de flux désirants complètement dépourvus d'organisation qu'il n'y a d'organisation totalement close sur elle-même. Mais si elle est indépassable, l'opposition entre les forces répulsives et attractives n'en produit pas moins une série de variations de la matière intensive par lesquelles passe le corps et qui fait l'objet de la dernière synthèse.

La troisième synthèse, *synthèse conjonctive de consommation*, détermine le mode d'apparition du sujet au sein du procès de production du désir. Cette synthèse est dite *conjonctive* parce que la conjonction des forces répulsives et attractives produit une série intensive illimitée par laquelle passe le sujet inconscient. Ainsi les états de nerfs par lesquels passe le schizophrène, à l'instar de Nijinski qui note dans son *Journal* : « Je suis Apis, je suis un Égyptien, un Indien peau-rouge, un Nègre, un Chinois, un Japonais, un étranger, un inconnu, je suis l'oiseau de mer et celui qui survole la terre ferme, je suis l'arbre de Tolstoï avec ses racines [1]. » Le sujet de l'individuation est un sujet nomade, voyageant au gré des affects qui le traversent. Telle est la formule du devenir, comme pure sensation d'un passage d'intensité : « Je sens que je deviens autre. » Ce troisième moment de la production désirante constitue une *production de consommation* puisque le devenir est toujours la consommation-consumation d'une intensité, chaque intensité de la série marquant un seuil par lequel passe un sujet en métamorphose continue. Le sujet y est compris comme un reste ou un résidu du fonctionnement de la machine, une « pièce adjacente », dans la mesure où il est un effet local et provisoire qui se confond avec l'affect matériel qui le remplit. Sous ce troisième aspect, Deleuze et Guattari peuvent railler la propension de la psychanalyse à rabattre le sujet sur les coordonnées du triangle familial, papa-maman-moi. Invoquant le témoignage des délires psychotiques contre le primat traditionnel accordé aux formations névrotiques, ils montrent que l'inconscient ne se réduit pas à la production de fantasmes privés, mais qu'il investit immédiatement la réalité objective, tout un champ sociohistorique mêlant les continents, les civilisations et les races. « Le délire ne se construit pas autour du nom-du-père, mais sur les noms de l'histoire » (*DRF*, p. 26). Ou comme le dit Nietzsche, « tous les noms de l'histoire, c'est moi [2] ».

Deleuze et Guattari dénoncent l'usage illégitime que la psychanalyse fait des trois synthèses de l'inconscient,

1. V. Nijinski, *Journal*, cité in *AŒ*, p. 95.
2. F. Nietzsche, « Lettre à Burckhardt du 5 janvier 1889 », cité in *AŒ*, p. 30.

et l'image défigurée de l'inconscient qu'elle en tire : partout elle rabat la production désirante sur les coordonnées du triangle œdipien, toujours elle soumet les machines désirantes au code d'enregistrement familialiste du désir. À l'usine de production de la réalité objective, la psychanalyse substitue un théâtre privé où les mêmes personnages jouent invariablement le même drame. Mais sous quelles conditions la nature machinique du désir en arrive-t-elle à être à ce point dénaturée ? S'ils dénoncent la manière dont la psychanalyse représente l'inconscient, Deleuze et Guattari n'en considèrent pas moins que la dénaturation ne commence pas avec elle. Car la psychanalyse n'aurait jamais eu l'occasion d'imposer son code familialiste d'enregistrement du désir si elle n'avait d'abord bénéficié et d'un soutien dans l'inconscient et d'un appui dans la répression sociale du désir.

3. **La répression sociale du désir.** – Le monde de la représentation que *Différence et répétition* avait analysé du point de vue de l'histoire de la philosophie trouve dans *L'Anti-Œdipe* ses coordonnées historiques, sociales et politiques. Deleuze et Guattari affirment en effet que « chaque type de machine sociale produit un certain genre de *représentation* », c'est-à-dire une répression de la production désirante (*AŒ*, p. 315). La typologie des machines sociales (sociétés primitives, État, capitalisme) implique alors deux choses : qu'il n'y a pas un unique appareil de répression de la production désirante, mais un appareil propre à chaque machine sociale ; que la distinction des machines sociales n'a pas une fonction simplement descriptive, mais vise à déterminer

« dans chaque cas le rapport de la production sociale et de la production désirante », le « coefficient d'affinité plus ou moins grand entre les machines sociales et les machines désirantes, suivant que leurs régimes respectifs sont plus ou moins proches » (*AŒ*, p. 221, p. 315). En ce sens, l'analyse successive des formations sociales primitives, étatiques et capitalistes ne suit pas une évolution historique mais renvoie à un ordre logique, celui des différents moments jalonnant l'intériorisation de la répression sociale dans l'inconscient. Mais justement, comment la théorie des machines désirantes rend-elle possible la répression sociale du désir ? Où est-ce que le cycle de production du désir est amené à rencontrer les conditions de sa dénaturation ?

Nous avons dit que la répression sociale du désir bénéficie d'un soutien dans l'inconscient. Pour Deleuze et Guattari, la condition de possibilité de la répression se trouve en effet dans l'ambiguïté de l'antiproduction, cette instance qualifiée de corps sans organes lorsqu'elle renvoie au régime de la production désirante, baptisée du nom de « *socius* » lorsqu'elle renvoie au régime de la production sociale. Certes, toute production entraîne la formation d'une instance d'antiproduction, surface sur laquelle s'enregistrent les organes de production, qui se les approprie et se présente comme leur présupposé. Simplement, dans le régime de la production désirante, l'antiproduction ne possède aucune autonomie et ne jouit d'aucune spécificité : le corps sans organes reste intérieur au cycle de production et peut être effectué par n'importe quoi. En revanche, dans le régime de la production sociale, cette instance devient relativement autonome et spécifique : le socius se présente comme une condition extrinsèque à la production, et sous une forme chaque fois différente (corps de la terre, corps du despote, corps du capital). À ce titre, le socius désigne la constance d'un détournement de la production désirante, d'une soumission du désir à la production et à la reproduction sociales. Et si l'analyse de ce détournement est une « schizo-analyse », c'est qu'elle évalue toutes les formations sociales du point de vue de l'essence schizophrénique du désir.

Aucune société ne peut se constituer sous le régime schizophrénique du désir. Cette révolution permanente où tout est toujours possible est en effet le cauchemar de toute machine sociale, son négatif ou sa limite absolue. Le problème de la machine sociale consiste donc à lier ou à organiser les flux du désir en les soumettant à un régime de disjonctions exclusives (autoriser certaines connexions et en interdire d'autres), et à assigner les positions subjectives dans l'espace social en fonction du mode d'inscription des flux sur le socius – seule manière de conjurer l'angoisse des flux décodés et de faire passer l'énergie révolutionnaire du désir au service de l'organisation sociale. Pour Deleuze et Guattari, cette opération de liaison ou d'organisation des flux prend essentiellement trois formes : codage, surcodage et axiomatisation – qui correspondent aux trois grandes machines sociales distinguées dans *L'Anti-Œdipe* : sociétés primitives, État, capitalisme. Les *sociétés primitives* procèdent par codage. Coder, c'est prélever les flux et les qualifier, déterminer les connexions permises et défendues, et enfin répartir les identités subjectives en fonction du mode de circulation des flux. Dans les sociétés primitives, c'est le corps de la terre qui incarne l'instance d'antiproduction sur laquelle s'enregistre la production sociale : le territoire est le présupposé naturel ou divin de cette production. En ce sens, les sociétés primitives sont des machines territoriales. Les *États* procèdent par surcodage. Surcoder, c'est à la fois décoder les codes primitifs (et leur faire ainsi franchir un seuil de déterritorialisation qu'ils ne peuvent supporter) et leur superposer un nouveau code qui subordonne la production sociale à une unité transcendante détachée (et opérer ainsi une reterritorialisation plus puissante encore). Dans les empires, c'est ainsi le corps du despote, figure mi-humaine mi-divine, qui incarne le principe transcendant d'unification des territoires primitifs auquel est soumis l'ensemble de la production. En ce sens, les États sont des machines despotiques. Enfin, le *capitalisme* procède par axiomatisation. L'axiomatique est un tout autre type de liaison des flux puisque ce n'est pas un code mais une conjonction de flux décodés, en l'occurrence la mise en rapport d'un flux de travail et de capital : « d'un côté le travailleur déterritorialisé, devenu travailleur libre et nu ayant à vendre sa force de travail, de l'autre côté l'argent décodé, devenu capital et capable de l'acheter » (*AŒ*, p. 270). Ces flux doivent être dits décodés parce que leur qualité ne préexiste pas à leur mise en rapport, parce que c'est la conjonction du travail et du capital qui les qualifie comme tels. Dans les sociétés capitalistes, c'est désormais le corps du capital qui incarne l'instance d'antiproduction à laquelle se soumet l'ensemble des forces productives, celles-ci étant organisées en fonction des exigences purement économiques de la production de plus-value.

On a souvent objecté à Deleuze et Guattari que leur critique du capitalisme se concilie mal avec leur promotion du désir. On a même suggéré qu'ils feraient l'apologie d'une jouissance débridée en phase avec l'individualisme consumériste propre aux sociétés du capitalisme avancé. L'objection se présente ainsi : le désir jouit d'autant plus de son essence machinique qu'il est décodé (processus primaire du désir) ; or, le capitalisme est la formation sociale qui fait du décodage généralisé des flux la condition interne de son fonctionnement (axiomatique des flux décodés) ; comparée aux autres formations sociales, le capitalisme est donc la société la plus désirable (affinité maximale de la production désirante et de la production sociale). Pourtant, cette objection rend inintelligible la manière dont le capitalisme réprime le désir, et ce d'une manière infiniment plus puissante que les autres machines sociales. Tel est le formidable paradoxe de *Capitalisme et schizophrénie* : « Une fois dit que le capitalisme travaille sur des flux décodés comme tels, comment se fait-il qu'il soit infiniment plus éloigné de la production désirante que ne le sont les systèmes primitifs ou même barbares qui, pourtant, codent et surcodent les flux ? [...] Ce qu'il faut expliquer, c'est que l'ensemble capitaliste soit le moins affine, au moment même où il décode et déterritorialise à tour de bras » (*AŒ*, p. 405).

Comment expliquer ce fait étrange ? Deleuze et Guattari disent : ce que le capitalisme déterritorialise d'une main (décodage généralisé des flux), il le reterritorialise de l'autre (axiomatisation). Certes, le capitalisme suppose et entraîne un décodage généralisé des flux, c'est même sa condition de fonctionnement. En ce sens, il est vrai qu'il découvre l'essence de la production social-désirante, cette « activité de production en général et sans distinction » (*AŒ*, p. 364). Mais cette activité de production, il la coupe aussitôt en deux flux, capital et travail, et les met en rapport dans la propriété privée : le flux de moyens de production comme propriété privée des capitalistes se subordonne au flux de travail comme « propriété privée » des travailleurs. Par là, l'ensemble de l'activité de production se trouve soumise à une logique purement économique : la reproduction sociale n'obéit plus qu'à l'exigence de la valorisation du capital, et la formation des subjectivités elle-même ne dépend plus que de la place que le procès de production économique assigne aux agents de production. Telle est la puissante reterritorialisation qu'opère le capitalisme : les flux abstraits de capital et de travail sont reterritorialisés sur les personnes sociales, le capitaliste et le travailleur comme capital et travail personnifiés, réalisant ainsi la subsomption réelle de l'ensemble des forces productives au procès de production économique.

4. **Critique du familialisme, d'Œdipe, de la psychanalyse.** – Qu'en est-il alors de la critique de la famille, d'Œdipe et de la psychanalyse ? Pour Deleuze et Guattari, c'est dans la place que le mode de production capitaliste réserve à la famille qu'apparaissent les conditions d'un désir œdipien dont la psychanalyse est la théorie et la pratique. Dans les sociétés primitives, l'institution familiale était coextensive au champ social et en prise directe sur lui, de sorte que la forme sociale de la reproduction humaine donnait sa forme à la reproduction socioéconomique. En revanche, dans

la société capitaliste, la famille prend désormais la forme d'un milieu clos et désocialisé, coupé de toute influence sur la reproduction sociale. La famille ne détermine plus le mode d'inscription des forces productives sur le socius, la position sociale des agents de production, elle se borne à fournir à la société une matière humaine indifférenciée, toute prête à être soumise aux exigences économiques du capitalisme. Cette mise hors champ de la famille conditionne alors une seconde reterritorialisation, où tout le champ social va maintenant s'appliquer à la famille. La reterritorialisation se redouble en effet lorsque les personnes sociales dérivées du rapport capital-travail sont à leur tour rabattues sur les personnes privées, sur les images du triangle familial. L'ensemble de départ qui comprend toutes les images sociales (le patron, le chef, le curé, le flic, le percepteur, le soldat, le travailleur, etc.) est replié sur un ensemble d'arrivée qui ne comporte plus que papa, maman et moi, si bien que le désir n'a plus affaire qu'à de simples images d'images. « On peut alors croire à des désirs libérés, mais qui, comme des cadavres, se nourrissent d'images. On ne désire pas la mort, mais ce qu'on désire est déjà mort : des images » ; « même la misère, le désespoir, la révolte, et de l'autre côté la violence et l'oppression du capital deviennent image de misère, de désespoir, de révolte, de violence ou d'oppression » – « le seul mythe moderne, c'est celui des zombis » (*AŒ*, p. 408, p. 318, p. 405).

Pour Deleuze et Guattari, Œdipe est le résultat de ce formidable rabattement de l'ensemble de la production désirante sur les figures du triangle familial. On sait que, dans le champ du savoir, Œdipe fut tantôt considéré comme le produit d'un système de répression-refoulement, et appréhendé à ce titre comme une figure historique (point de vue culturaliste), tantôt conçu comme une position de désir, et traité à ce titre comme un universel (point de vue psychanalytique). Mais pour Deleuze et Guattari, Œdipe est à la fois universel *et* historique. Il est universel en tant qu'il nomme la constance d'un détournement de la production désirante dans l'histoire, toutes les machines sociales opérant une répression de la production désirante afin de conjurer la puissance révolutionnaire qu'elle enveloppe. Il est historique en tant que ce détournement engage chaque fois des mécanismes spécifiques de répression-refoulement, chacun définissant le fonctionnement d'une machine sociale. À ce double titre, l'analyse du statut variable d'Œdipe dans les machines sociales – ou ce qui revient au même, l'analyse de la place qu'elles réservent aux flux décodés du désir – fournit le moyen d'une « histoire universelle ». Dans cette histoire, Œdipe achève sa migration lorsque le désir en vient à se présenter lui-même dans les coordonnées œdipiennes de la famille restreinte, lorsque la répression devient l'objet du désir, comme c'est le cas dans la société capitaliste et sur le divan du psychanalyste. Œdipe y est le signe de l'intériorisation de la répression sociale dans l'inconscient, le symptôme de son refoulement, la marque de la double aliénation de la production désirante : aliénée une première fois comme travail abstrait soumis à la propriété privée (économie politique) et une seconde fois comme désir abstrait réduit aux pulsions incestueuses et au fantasme œdipien (psychanalyse).

Qu'en est-il justement de la psychanalyse ? Aux yeux de Deleuze et Guattari, il ne faut ni trop lui accorder ni trop lui imputer, car elle n'est responsable ni de l'invention d'Œdipe ni de la défiguration du désir. Certes, comme théorie et comme pratique, elle casse les productions de désir et écrase les formations d'énoncés ; mais elle vient simplement relayer un mouvement qui la précède et qui culmine dans le capitalisme, elle vient « appuyer le mouvement, ajouter un dernier élan au déplacement de tout l'inconscient » (*AŒ*, p. 147). Ce n'est en effet qu'à partir du moment où la famille mise hors champ cesse de donner sa forme à l'organisation sociale que peut s'établir le familialisme psychanalytique, comme configuration de subjectivation du désir et de son énonciation. Et c'est précisément à ce titre que Deleuze et Guattari l'attaquent, en tant qu'elle contribue à rabattre le désir sur le complexe d'Œdipe, la sexualité sur le « sale petit secret familial ». D'un point de vue schizo-analytique, il est vrai que la sexualité conserve un statut privilégié, mais à condition de préciser qu'elle renvoie à tous les affects qui traversent un sujet, à toutes les intensités physiques par lesquelles il passe. Pour le schizo-analyste, la sexualité constitue autant d'*indices machiniques* pour « débrouiller, au niveau des groupes ou des individus, les investissements libidinaux du champ social », et renouer le fil libidinal-social que la psychanalyse avait contribué à rompre (*AŒ*, p. 423).

Pour Deleuze et Guattari, l'opposition propre au capitalisme ne passe pas entre la bourgeoisie et le prolétariat, mais entre les flux décodés qui entrent dans l'axiomatique capitaliste et les flux décodés qui s'en libèrent, entre le régime de la production sociale et le régime schizophrénique de la production désirante. L'opposition passe donc « entre les capitalistes et les schizos, dans leur intimité fondamentale au niveau du décodage, dans leur hostilité fondamentale au niveau de l'axiomatique » (*AŒ*, p. 307). On sait que, depuis Marx, les critiques du capitalisme hésitent entre le frein et l'accélérateur, cherchant tantôt à parer aux destructions qu'il engendre en en ralentissant la dynamique (au risque d'en différer sans cesse la fin), tantôt à hâter sa disparition en accompagnant sa tendance jusqu'au point où il deviendra son propre fossoyeur (au risque de détruire les conditions d'une existence politique). Pour leur part, Deleuze et Guattari ne croient pas que le capitalisme se nie lui-même. L'histoire n'est pas dialectique, car le capitalisme ne se critique lui-même que « jusqu'à un certain point ». Comme l'a montré Marx, les crises à répétition du capitalisme ne sont pas les symptômes de sa tendance autodestructrice, mais ceux de sa propension à repousser sans cesse sa limite immanente (le capital), sans pourtant jamais la rencontrer. Les forces nécessaires à la réalisation de la critique ne sont donc pas données dans la dynamique capitaliste elle-même, elles doivent être un « splendide cadeau de l'extériorité » (*NPh*, p. 180). Il faut les former, les dresser, les créer. Aussi faut-il emballer la machine, schizophréniser le désir, accélérer le processus jusqu'à percer le mur de la représentation, car « on n'ira jamais assez loin dans le sens de la déterritorialisation » (*AŒ*, p. 387). Mais de quelle nature sont ces forces et comment les former ? Et surtout, comment éviter que la déterritorialisation absolue ne coïncide avec la destruction pure et simple de l'existence politique ? Comment rendre la schizophrénisation du désir vivable ?

L'Anti-Œdipe s'achève sur l'exigence d'un renversement critique. Telles sont les tâches positives de la schizo-analyse : faire repartir les machines désirantes auparavant soumises à la production sociale ; dresser les forces révolutionnaires de l'inconscient capables de faire passer la production sociale sous le régime de la production désirante. Ce sont ces deux tâches que prendra en charge *Mille Plateaux*.

II. – La logique des multiplicités (*Mille Plateaux*)

On a souvent remarqué les changements qui intervenaient dans l'œuvre deleuzo-guattarienne après *L'Anti-Œdipe*. Ainsi dans *Mille Plateaux*, le ton se fait moins polémique et plus affirmatif, la tentative d'histoire universelle laisse place à une analyse spatiale, en termes de coexistence géographique et de superposition stratigraphique. La lutte n'a plus lieu sur le terrain de l'ennemi, mais sur ces « terres inconnues, vierges d'Œdipe » où il est déjà vaincu (*DRF*, p. 289). S'il y a là un tournant ou une rupture, c'est celui qu'exige la part positive du programme critique. *L'Anti-Œdipe* a accompli la tâche négative de la schizo-analyse : démonter les mécanismes d'asservissement du désir, l'alliance du capitalisme et du familialisme. Il s'agit désormais d'en réaliser les deux tâches positives : d'une part, « découvrir chez un sujet, la nature, la formation ou le fonctionnement de *ses* machines désirantes », c'est-à-dire dégager le corps sans organes qui se construit nécessairement au cœur de toute production désirante, même la plus aliénée (quelles sont tes machines désirantes ? comment se faire un corps sans organes ?) (*AŒ*, p. 388) ; d'autre part, opérer « le renversement de puissance qui fait que la production désirante s'assujettit la production sociale, et pourtant ne la détruit pas, puisque c'est la même production sous la différence de régime », c'est-à-dire former un collectif présentant une affinité maximale avec le processus de production du désir (comment accomplir le processus ?) (*AŒ*, p. 460-461). La première tâche positive se confond avec la théorie de l'agencement et des devenirs, la seconde avec la théorie de l'agencement collectif d'énonciation et de la machine de guerre.

1. **L'agencement et les devenirs (du procédé au processus).** – L'essentiel de la première tâche positive consiste à « faire repartir les machines désirantes » en réintégrant les éléments d'antiproduction au sein du processus de production. Dans *Mille Plateaux*, il est manifeste que Deleuze et Guattari ne s'en tiennent plus au problème de la répression sociale, mais qu'ils considèrent désormais l'ensemble des modes de blocage de la production. Et puisque la Terre est le nom de ce processus de production (« la Terre est un corps sans organes »), son analyse prend le nom de « géologie ». Surtout, si *Mille Plateaux* peut être présenté comme « une théorie des multiplicités pour elles-mêmes », c'est précisément que tout y est renvoyé au point de vue processuel ou machinique de la production (Terre ou corps sans organes, multiplicités, machine abstraite, plan de consistance sont les concepts de ce processus). Par là, il ne s'agit pas de nier l'existence

de mécanismes de blocage de la production désirante, ceux que *L'Anti-Œdipe* avait analysés, mais de réaffirmer que *même les blocages sont encore une manière de produire*. Du point de vue du processus de production, Deleuze et Guattari peuvent ainsi dégager une sorte d'évolution dans les strates qui territorialisent la Terre et se déposent sur le plan de consistance (strates physico-chimique, organique, anthropomorphique) et dire en même temps que la Terre ou le plan de consistance ignore toute évolution comme toute différence de niveaux, qui « n'existent que par les strates et par rapport aux strates » (*MP*, p. 89). On ne croira pas pour autant que ce double discours soit inutile. Il précise la première tâche positive assignée à la schizo-analyse : déstratifier, déterritorialiser. « Nous sommes dans une formation sociale ; voir d'abord comment elle est stratifiée pour nous, en nous, à la place où nous sommes ; remonter des strates à l'agencement plus profond où nous sommes pris ; faire basculer l'agencement tout doucement, le faire passer du côté du plan de consistance. C'est seulement là que le corps sans organes se révèle pour ce qu'il est » (*MP*, p. 199). Cette première opération suppose la détection ou l'invention de *procédés*, un procédé étant une opération de démontage des machines, une analyse du désir. Et les procédés peuvent être quelconques – techniques, sexuels, linguistiques, artistiques, économiques, etc. –, du moment qu'ils permettent de reverser les éléments qui représentent le désir dans l'ordre dans la production. (Cas concret : la drogue est-elle un procédé adéquat ? Peut-on obtenir les mêmes effets par d'autres procédés, se soûler à l'eau pure ?)

Mille Plateaux trouve son unité dans le concept d'agencement, car l'agencement est le concept adéquat à la logique des multiplicités : il désigne « l'unité réelle minima », la chose conçue comme Idée ou multiplicité (*D*, p. 65). Une structure dépend d'une condition d'homogénéité et implique des mécanismes de disjonction exclusive. Deleuze et Guattari nomment « molaires » ces ensembles qui représentent les éléments de l'Idée et les soumettent à des rapports de disjonction exclusive et à un principe d'identité, individus constitués et sujets formés. L'agencement, au contraire, implique seulement la connexion machinique d'éléments quelconques pris dans un rapport de co-fonctionnement (guêpe-orchidée, cheval-étrier, Deleuze-Guattari, etc.). « Telles les séquences des personnages de Beckett : cailloux-poche-bouche ; une chaussure-un fourneau de pipe-un petit paquet mou non déterminé-un couvercle de timbre de bicyclette-une moitié de béquille. Une machine infernale se prépare » (*DRF*, p. 19). À l'instar des singularités préindividuelles qui peuplent l'Idée, ces éléments sont dits « moléculaires » en tant qu'ils peuvent tous se connecter les uns aux autres et former des individuations impersonnelles, suivant un mode d'individuation qui ne se confond pas avec celui d'une chose ou d'un sujet (heccéité). Un été, une date, cinq heures du soir, un degré de chaleur ont une individualité parfaite, celle de l'événement.

L'agencement se définit par quatre aspects : contenu et expression, territorialité et déterritorialisation. Le premier axe renvoie aux deux séries hétérogènes dans lesquelles s'actualise l'Idée, les états de choses et les propositions. Suivant ce premier axe (C/E), l'agencement se divise alors en contenu et expression, en agencement machinique de corps et agencement collectif d'énonciation. Comme les attributs étendue et pensée chez Spinoza, le contenu et l'expression sont dans un rapport de présupposition réciproque : ce sont deux formes hétérogènes relativement autonomes qui ne sont pas plus dans un rapport de causalité que de représentation. Invoquant l'œuvre de Foucault, Deleuze souligne qu'on trouve chez lui un rapport de même nature entre l'énonçable et le visible. Ainsi dans *Surveiller et punir*, la formation des énoncés sur la délinquance et la formation du milieu d'enfermement qu'est la prison ont des généalogies distinctes, quoiqu'elles s'entrelacent dans les faits. Deleuze et Guattari peuvent ainsi réfuter deux positions adverses mais symétriques dans le champ théorique de l'époque : la linguistique structurale d'une part (primat de l'expression dont les contenus dérivent), et le marxisme d'autre part (primat du contenu dont l'expression est le reflet). En outre, le contenu et l'expression sont deux formes non pas neutres, mais d'emblée traversées par des rapports de pouvoir. Contrairement à ce que prétend la linguistique structurale, le langage n'est pas un trésor commun, mais il est d'emblée en prise sur les conflits sociopolitiques et suppose tout un agencement collectif d'énonciation, comme le montre la pragmatique interne à la linguistique. De même, contrairement à ce que suggère le marxisme, la production économique de biens n'est pas neutre ou objective, car elle suppose tout un codage des corps et des outils, certaines connexions étant permises et d'autres défendues. Sous tous ces aspects, le contenu et l'expression définissent ensemble la territorialité de l'agencement : découvrir la territorialité qu'enveloppe chaque agencement, c'est repérer la manière dont il prélève ses composantes sur la Terre et les articule pour la peupler.

Le deuxième axe renvoie aux mouvements d'actualisation et de complication des choses. Suivant ce deuxième axe (D/T), l'agencement se divise en territorialité et déterritorialisation. Découvrir les lignes de déterritorialisation, c'est détecter les lignes de fuite qui le traversent et le rapprochent de la machine abstraite. La machine abstraite se définit par le quatrième aspect de l'agencement, par les pointes de décodage et de déterritorialisation. La machine abstraite trace ces pointes, coïncide avec des devenirs qui ouvrent l'agencement territorial « sur autre chose, sur des agencements d'un autre type, sur le moléculaire, sur le cosmique » (*MP*, p. 637). « Et il n'y aura pas de problème plus important que celui-ci : un agencement machinique étant donné, quel est son rapport d'effectuation avec la machine abstraite ? Comment l'effectue-t-il, avec quelle adéquation ? » (*MP*, p. 91). Ces deux directions, territorialité et déterritorialisation, renvoient au parallélisme des puissances de l'absolu chez Spinoza, la puissance d'agir et d'exister d'un côté, qui consiste à produire des effets dans la nature et qui s'effectue également dans tous les attributs, et la puissance de connaître et de penser de l'autre, qui consiste pour un mode à exprimer sa cause ou sa condition (*SPE*, chap. VII). Or du point de vue de l'effectuation de la puissance de penser, de même qu'il y a un privilège de l'attribut pensée sur tous les autres attributs chez Spinoza, il y a chez Deleuze et Guattari un privilège de l'expression sur le contenu. En effet, c'est toujours à l'expression que revient la charge de déterritorialiser l'agencement, de faire filer les contenus et de les entraîner dans un devenir. Mais nous ne pourrons comprendre l'origine de ce privilège de l'expression sur le contenu qu'une fois que nous aurons précisé la théorie des devenirs.

La théorie des devenirs vient remplir la tâche de déstratification ou de déterritorialisation du désir, en requalifiant sur un mode politique ce que Deleuze nommait auparavant « dissolution du moi », ou « mort de l'Homme ». Le moi est désormais déterminé en fonction des coordonnées qui composent l'Homme comme modèle social dominant (mâle, adulte, blanc, européen, hétérosexuel, etc.), forme molaire majeure à laquelle tout individu se trouve socialement mesuré et assujetti. Sa dissolution, c'est-à-dire la mutation qui affecte ses coordonnées, entraîne alors nécessairement l'individu dans un devenir-minoritaire (devenir-femme, devenir-enfant, devenir-noir, devenir-homosexuel, etc.). En découle une divergence profonde avec le freudo-marxisme, puisque Deleuze et Guattari opèrent un renversement de la formule classique de l'émancipation (sortir de l'état de minorité) en se plaçant du point de vue du sous-développement plutôt que du développement, des minorités plutôt que de la majorité. De même que les strates pouvaient être présentées suivant un ordre d'évolution (physico-chimique, organique, anthropomorphique) et coexister sur le plan de consistance, Deleuze et Guattari peuvent présenter les devenirs suivant un ordre inverse d'involution (devenir-femme, devenir-animal, devenir-moléculaire, etc.) et dire en même temps que les devenirs ne suivent en réalité aucune logique préformée, puisque sur le plan de consistance tous les éléments moléculaires coexistent intrinsèquement (tous les devenirs sont déjà moléculaires et sont compatibles entre eux). Il n'en reste pas moins que : d'une part, « tous les devenirs commencent et passent par le devenir-femme », la sexualité servant d'indice machinique de déterritorialisation puisqu'elle permet de mesurer la désœdipianisation du désir ; d'autre part, ils trouvent leur « fin immanente » ou leur « formule cosmique » dans un devenir-imperceptible où l'individu devient indiscernable de la production même, où le désir est porté à la déterritorialisation absolue, où le moi dissous s'est peint aux couleurs du monde et s'est enfin ouvert à toutes les singularités qui peuplent le plan de consistance (*MP*, p. 341-342).

Le mouvement des devenirs ou de la déterritorialisation nous ramène en deçà de toute répression sociale, au processus schizophrénique, c'est-à-dire à la production désirante comme limite de la production sociale. Mais justement, la déterritorialisation absolue ne porte-t-elle pas le désir au point où l'existence politique devient essentiellement problématique ? Au point où la vie touche à l'invivable ? Cet effort ne se sépare pas, en effet, d'un immense danger, danger d'autant plus terrible qu'il est intérieur au processus de déterritorialisation : la ligne de vie qui anime les devenirs peut se retourner en ligne de mort, la déstratification en destruction, la puissance de libération en passion d'auto-abolition. « Nous avons beau présenter ces lignes comme une sorte de mutation, de création, se traçant non pas dans l'imagination mais dans le tissu même de la réalité sociale [...] – ce serait trop simple de croire qu'elles ne craignent et n'affrontent d'autre risque que celui de se faire rattraper quand même, de se faire colmater, ligaturer, renouer, reterritorialiser. Elles dégagent elles-mêmes un étrange désespoir, comme une odeur de mort et d'immolation, comme un état de guerre dont on sort rompu » (*MP*, p. 279-280). À partir de quel moment, où, quand et comment la ligne de fuite se retourne-t-elle en ligne de mort ? Comment l'éviter ? Où passe la limite entre les deux ? On ne peut jamais le savoir à l'avance. L'épreuve pratique et singulière du désir, la déterritorialisation est donc une tâche qui ne se sépare pas d'un impératif de prudence. Le vitalisme deleuzien est hanté par la mort, par « ce vecteur de destruction qui peut traverser une collectivité ou un homme » (*PV*, p. 13). Mais justement, si la plus grande prudence est de mise, est-il encore possible de donner une consistance vivable aux devenirs ? Est-il encore possible de donner une consistance politique à la déterritorialisation absolue, quitte à ce que la politique change de sens, et devienne moléculaire ?

2. **L'expression et l'énonciation (du processus au collectif).** – Un problème restait ouvert à la fin de *L'Anti-Œdipe*. Y a-t-il un pouvoir qui ne dénature pas le désir ? Y a-t-il une politique adéquate à la déterritorialisation absolue ? Y a-t-il une formation sociale qui présente une affinité maximale avec la production désirante ? C'est à ce problème que répond l'idée de machine de guerre. Telle est la seconde tâche positive de la schizo-analyse : former des collectifs où la production désirante s'assujettit la production sociale, « passer d'une face à une autre, c'est-à-dire de la face où s'organisent les ensembles molaires de production sociale, à cette autre face non moins collective où se forment les multiplicités

moléculaires de production désirante » (*AŒ*, p. 460). Deleuze et Guattari refusent ainsi l'alternative dans laquelle on entend parfois les enfermer : ou bien il y a une production sociale et alors le désir est réprimé, ou bien le désir est schizophrénique et alors il n'y a pas d'existence sociale – répression *ou* folie. Or, sitôt qu'on refuse l'alternative, tout change : au lieu d'un désir mort comme condition de la reproduction de la machine capitaliste (effusion de l'antiproduction dans la production), un désir vivant comme condition du devenir, du collectif et de la machine de guerre révolutionnaire.

Dans ces conditions, faut-il s'étonner que Deleuze et Guattari prennent en charge ce problème à partir de l'écriture littéraire ? La parution en 1975 de *Kafka. Pour une littérature mineure* ne pouvait, en tout cas, manquer de surprendre leurs lecteurs. Pour deux raisons au moins. Premièrement, l'œuvre de Kafka jouissait après guerre d'une étrange image. D'un côté, l'opposition communiste dénonçait l'intimisme petit-bourgeois, l'absence de critique sociale et la résignation servile de l'œuvre kafkaïenne. De l'autre, les interprétations psychanalytiques s'épanouissaient sur les thèmes d'Œdipe, de la culpabilité devant la loi et du rapport tragique à la transcendance. On pouvait bien se demander ce que Deleuze et Guattari allaient faire dans cette galère ! En réalité, ces derniers entendaient d'abord analyser un *procédé* déterminé de déterritorialisation. Ils soulignaient que, si l'œuvre de Kafka est traversée par des formes d'asservissement (soumission au père, au milieu social, à la loi), l'important est de comprendre comment ces éléments fonctionnent dans l'œuvre. Or, leur grossissement jusqu'à l'absurde signale d'après eux qu'il y a là un procédé de renversement humoristique, qui sert à découvrir sous le triangle familial des investissements qui le débordent de toutes parts : « à mesure qu'on agrandit Œdipe, cette espèce de grossissement au microscope fait surgir le père pour ce qu'il est, lui donne une agitation moléculaire où se déroule un tout autre combat » (*K*, p. 18). L'Œdipe n'est qu'en mouvement apparent, support d'un mouvement réel par lequel Kafka secoue l'Œdipe qui pèse sur lui, déterritorialise le désir en réveillant les forces politiques qui le traversent. Deuxièmement, on pouvait se demander si les questions laissées ouvertes par *L'Anti-Œdipe* trouvaient bien ici leurs prolongements logiques, et si ce n'était pas trop accorder à l'œuvre de Kafka, comme à la littérature en général, que de lui conférer une portée critique, politique et même révolutionnaire. Mais Deleuze et Guattari ne faisaient que formuler des idées amorcées dans *L'Anti-Œdipe* et systématisées dans *Mille Plateaux* : il revient à l'expression d'assurer la déterritorialisation de l'agencement car « seule l'expression nous donne le procédé » (*K*, p. 29) ; et l'écriture littéraire est même un procédé privilégié pour atteindre au processus. Toute leur lecture de Kafka vise alors à démontrer comment la création de l'œuvre littéraire se confond avec un mouvement de déterritorialisation absolue du désir (invention d'un agencement collectif d'énonciation), lequel indique que la littérature met immédiatement en contact la linguistique et la politique, hors du cadre existant de la littérature engagée ou de l'action militante : c'est dans son rapport au langage et à la langue que l'écrivain cherche une issue à la répression sociale du désir. Qui parle d'écrire ?

Nous pouvons désormais demander : d'où vient le privilège de l'expression sur le contenu, du langage sur les corps ? Nous avons vu que le contenu et l'expression diffèrent en nature, mais que, malgré leur autonomie relative, il y a un entrelacement des deux au niveau du pouvoir, une bataille audiovisuelle où les segments de l'un ne cessent de s'insérer dans les segments de l'autre. Mais justement, ils ne s'insèrent pas de la même manière. Tandis que les corps procèdent dans les énoncés et s'imbriquent en eux, les énoncés « interviennent » dans les corps et y produisent sans cesse de nouveaux découpages. Réexaminant la théorie linguistique de l'illocutoire, Deleuze et Guattari nomment « mot d'ordre » cette capacité des énoncés à découper les phénomènes actuels, corps et représentations. Ainsi la sentence du magistrat, la déclaration d'amour, le décret de mobilisation générale, « tu n'es plus un enfant », « tout le pouvoir aux Soviets » sont des mots d'ordre pour autant que ce sont des énoncés qui font événement, transformations incorporelles qui s'attribuent aux corps et aux représentations. Là où la philosophie se plaît à répéter que le langage redouble le voile que la perception ordinaire introduit entre le sujet et le monde, Deleuze et Guattari affirment que l'essentiel est plutôt que le sens des énoncés n'est jamais neutre ou objectif car il est toujours tramé de rapports de pouvoir (et la perception avec lui), et que l'énonciation n'est jamais individuelle, car elle mobilise un agencement social d'énonciation (dont dépend la subjectivation). « Il n'y a pas de signifiance indépendante des significations dominantes, pas de subjectivation indépendante d'un ordre établi d'assujettissement. Toutes deux dépendent de la nature et de la transmission des mots d'ordre dans un champ social donné » (*MP*, p. 101). En découlent à la fois le primat de l'expression sur le contenu (privilège de l'énoncé), et une politisation interne de la linguistique (pragmatique de la langue).

Puisque la politique travaille la langue du dedans, « un type d'énoncé ne peut être évalué qu'en fonction de ses implications pragmatiques, c'est-à-dire de son rapport avec [...] des transformations incorporelles qu'il exprime, et qui vont introduire de nouveaux découpages entre les corps » (*MP*, p. 106). Pour tout sujet d'énonciation, et en particulier pour l'écrivain, le problème devient alors : comment amener au jour cet agencement social d'énonciation afin de le retourner contre lui-même, en libérant toutes les voix qu'il étouffe ? La conquête progressive d'un agencement collectif d'énonciation se confond avec le procédé de remontée à ce discours indirect libre, à cette rumeur anonyme dont chacun tire son nom, sa voix et sa position sociale. Cette remontée coïncide avec une désubjectivation de l'énonciation et une déterritorialisation du désir. En quoi y a-t-il ici formation d'un collectif ? C'est que, dans ce devenir de l'homme, Kafka donne une voix aux populations, aux meutes, aux multiplicités, aux foules qui s'éveillent. En donnant une voix aux populations minoritaires et moléculaires qui habitent et animent le désir, l'expression entraîne les contenus dans un procès de déterritorialisation. Dans les romans, ce n'est plus Kafka qui parle, c'est *K*, un agent d'autant plus collectif qu'il est dans une solitude qui l'ouvre à l'ensemble du champ social (les romans comme devenir-minoritaire, imperceptible). Le problème d'écrire : « Comment arriver à parler sans donner des ordres, sans prétendre représenter quelque chose ou quelqu'un, comment arriver à faire parler ceux qui n'en ont pas le droit, et à rendre aux sons leur valeur de lutte contre le pouvoir ? » (*Pp*, p. 61).

En analysant les mécanismes de représentation du désir, *L'Anti-Œdipe* exhibait l'assujettissement de la production désirante moléculaire aux ensembles molaires de la production sociale. En révélant que seule l'expression donne le procédé capable de déterritorialiser l'agencement, *Kafka* montre le renversement de ce rapport : la production sociale passe désormais sous la dépendance de la production désirante. Mais précisément, en quoi y a-t-il encore production *sociale* ? N'y a-t-il pas un fossé infranchissable entre l'écriture littéraire ou philosophique d'un côté et la critique révolutionnaire de l'autre ? Il faut dire à la fois : l'écriture est un rouage au sein d'une pratique qui la déborde, un rouage qui ne suffit pas à construire une machine de guerre révolutionnaire ; mais elle est un rouage micropolitique singulier puisque, lorsque les conditions d'une énonciation collective des minorités font défaut, lorsque le peuple manque, elle est la pointe de déterritorialisation absolue qui prend le « relais d'une machine révolutionnaire à venir » (*K*, p. 32).

3. **La machine de guerre (du collectif au macropolitique).** – Comment s'opère le passage du collectif au macropolitique ? Quelle forme prend la production sociale une fois qu'elle passe au service de la production désirante ? Il s'agit là, à la lettre, d'un problème d'organisation. Il ne suffit pas en effet de procéder à une déterritorialisation absolue du désir, de déstratifier la

Terre, de la reconduire au désert intense. Encore faut-il la repeupler, depuis ce désert, depuis ce plan de nature schizophrénique qui précède la distinction du sujet et de l'objet. Dans ce renversement, l'essentiel est que ce ne sont plus les organes qui commandent et distribuent les perceptions que nous avons, ce sont désormais les perceptions moléculaires que nous avons qui produisent et répartissent les organes qui leur correspondent. Le désir moléculaire exige un corps qui corresponde à ses hallucinations, des contenus qui correspondent à son expression, toute une opération de déduction des corps et des organes dont rien ne vient garantir le succès. Ainsi est-ce un diagnostic d'échec que Deleuze et Guattari posent sur Mai 68 : la société française a échoué à produire les organes collectifs correspondant à l'événement de Mai, aux possibles qui s'y étaient ouverts. « Mai 68 n'a pas eu lieu » signifie l'incapacité de la société à inventer les nouveaux rapports au corps, au temps, à la sexualité, à la culture, au travail, que réclamait ce moment d'hallucination collective (*DRF*, p. 215-217).

Le problème de la machine de guerre s'ancre ainsi dans le contexte politique de l'après-68, auquel Deleuze est devenu particulièrement sensible au contact de Félix Guattari, Michel Foucault, Elias Sanbar, tous penseurs et militants. Dans les années 1970, la crise des partis révolutionnaires débouche dans une double impasse : soit la centralisation des luttes à l'intérieur d'un parti reproduisant la forme-État, soit l'autonomie de ripostes locales sans résonance mutuelle. Mais comment trouver un mode d'organisation des différentes luttes (des ouvriers, des étudiants, des minorités sexuelles et raciales, des peuples colonisés du tiers monde, etc.), c'est-à-dire des différents devenirs-minoritaires, qui ne les totalise pas mais les fasse communiquer dans leur différence même, transversalement ? « On sait bien que le problème révolutionnaire aujourd'hui, c'est de trouver une unité des luttes ponctuelles sans retomber dans l'organisation despotique et bureaucratique du parti ou de l'appareil d'État : une machine de guerre qui ne referait pas un appareil d'État » (*ID*, p. 362). Ce que la théorie de la machine de guerre apporte de nouveau n'est pas la critique de la forme-État, qu'on trouve déjà chez les adversaires de Hegel, chez Marx ou chez Nietzsche. C'est que cette critique s'étend désormais à toutes les pratiques qui en intériorisent le modèle et qui le reproduisent, dans les structures politiques mais aussi dans les formes de savoir. Il y a une forme-État dans la pensée : ainsi, chaque fois qu'elle se donne pour modèle une langue homogène standard par rapport à laquelle les dialectes et jargons seraient des variations secondaires, la linguistique assume inconsciemment une telle forme. Et si Deleuze et Guattari mènent une lutte sans merci contre la forme-État en nous et hors de nous, c'est aussi que, comme le montrait déjà l'œuvre de Kafka, la pensée, « l'écriture, la musique peuvent être des machines de guerre » (*MP*, p. 639).

Deleuze et Guattari attestent la réalité de la machine de guerre dans l'histoire lorsqu'ils rappellent les destructions d'État de Gengis Khan, les luttes nomades contre les Empires, tous les mécanismes politiques visant à conjurer la formation d'un appareil d'État. Mais indépendamment de cette échelle historique, ce que fait la machine de guerre c'est toujours se construire sur des lignes de fuite, et composer ainsi un espace lisse, le nomadisme étant précisément « cette combinaison machine de guerre-espace lisse » (*Pp*, p. 50). Il est évident que cette combinaison ne se sépare pas d'une destruction active, la composition d'un espace lisse, la déterritorialisation absolue impliquant nécessairement la suppression de tout ce qui entrave la libre circulation du désir. De ce point de vue, et comme son nom l'indique, la machine de guerre entretient un rapport à la guerre elle-même, c'est même son plus grave problème. Certes, la machine de guerre n'a pas par elle-même la guerre pour objet, quoiqu'elle soit nécessairement amenée à la faire. Mais sous certaines conditions, elle peut la prendre pour objet et se muer alors en puissance de destruction négative : elle peut se faire approprier par un appareil d'État, et passer à son service en devenant corps militaire ou armée ; elle peut également reformer un appareil d'État, à la manière des empires nomades bâtis sur les ruines des États détruits ; pire enfin, la machine de guerre révolutionnaire peut tourner en machine de guerre fasciste, opérant une déstratification trop violente, proprement suicidaire. La tâche de la schizo-analyse est précisément d'analyser ces mouvements qui définissent les agencements individuels et collectifs, d'évaluer dans chaque cas les chances et les dangers.

*

Après *Mille Plateaux*, quel problème relance la machine deleuzienne ? Quelle crise conduit Deleuze à tout reprendre, en partant cette fois de la peinture et du cinéma ? Un double problème. À un premier niveau, c'est que la nouvelle forme de la répression capitaliste passe par une production d'images préfabriquées qui piègent le désir, qui le contraignent à s'exercer à vide, sur des objets déjà morts, désir zombi. C'est cette possibilité de retourner l'image, de la faire passer au service d'une production désirante révolutionnaire qu'il s'agit de questionner. Autrement dit, c'est l'expression comme procédé de déterritorialisation qui est en jeu, et le cinéma fournit le domaine d'investigation idéal à cet égard. Mais justement, à un second niveau, c'est qu'une redoutable difficulté se loge au sein du privilège de l'expression et de l'énoncé, difficulté qui touche au problème général de la pensée. Car si l'énoncé linguistique est seul capable d'effectuer la puissance de penser, n'y a-t-il pas un impérialisme du langage sur toutes choses ? N'en découle-t-il pas un privilège de la philosophie et de la littérature sur les arts plastiques, mais aussi l'impuissance de l'énoncé littéraire ou philosophique à s'affranchir du mot d'ordre ? L'image visuelle peut-elle effectuer la puissance de penser à sa manière et pour son compte, indépendamment de tout langage, ou bien est-elle intégralement traductible en langage et dès lors réductible à son modèle ? On dira que Deleuze et Guattari anticipaient l'objection quand ils affirmaient que le contenu et l'expression sont relatifs ; que l'on qualifiera d'expression la forme la plus déterritorialisée qui entraîne l'autre forme dans un devenir ; que ce peut être un énoncé linguistique, mais tout aussi bien une image visuelle, picturale ou cinématographique, dont l'exprimé agit comme transformation incorporelle et opère un nouveau découpage des choses, des objets et de leurs représentations ; et que dans un tel mouvement, contenu et expression sont portés à leurs limites respectives pour devenir réellement indiscernables (*MP*,

p. 376-377). Mais en vérité, il ne suffit pas de dire que l'expression n'est pas nécessairement linguistique. Il faut encore montrer que l'énoncé linguistique ne peut pas servir de modèle au procédé de déterritorialisation par l'expression, sans quoi c'est le langage en général qui maintiendrait son impérialisme sur la pensée tout entière. On demandera : en quoi est-ce un problème ? C'est que l'espace du langage coïncide avec la forme de la représentation, la forme-État dans la pensée. Le langage désigne un régime d'expression où les signes n'entretiennent qu'un rapport indirect au sens, le signe renvoyant au signe à l'infini au lieu de présenter directement son sens. Ce problème menace toute la critique du monde de la représentation. Pour explorer la puissance expressive qui habite l'image, pour montrer la puissance équivalente du voir et du parler quant à la pensée, il faudra en passer par la peinture et le cinéma. Deleuze fera du rapport des signes au langage « le plus lourd problème » et expliquera ainsi son intérêt pour le cinéma : « Je traînais depuis longtemps un problème de signes. La linguistique me semblait inapte à traiter » (*IT*, p. 38 ; *DRF*, p. 202). Que la puissance de penser peut s'effectuer dans la création visuelle, Deleuze le répétera souvent sous une forme sibylline, faussement triviale : « les cinéastes sont des penseurs ».

Chapitre III

POLITIQUE ET CRÉATION

On a beaucoup glosé sur l'importance prise par l'esthétique chez Deleuze au début des années 1980. Faut-il y lire, comme on l'a parfois fait, un reflux du questionnement politique, comme si un passage à l'art venait effacer le passage à la politique ? La parution coup sur coup d'une étude sur la peinture puis de deux volumes sur le cinéma ne témoigne-t-elle pas, en effet, d'un abandon des positions conquises dans *Capitalisme et schizophrénie* ? En vérité, on ne comprendrait pas que Deleuze entreprenne d'étudier successivement la peinture et le cinéma si l'on ne rattachait pas cet effort à toute sa philosophie politique. *L'Anti-Œdipe* et *Mille Plateaux* montraient comment la répression capitaliste coupe le désir de sa puissance révolutionnaire en le fixant sur des images mortes qui induisent des comportements conformistes et qui le font passer au service de la reproduction de l'ordre social. À l'ère de l'audiovisuel de masse, du cinéma et de la télévision, à l'âge de la communication et de l'information, ces images prennent le nom de clichés. Or, cette question est centrale dans les études sur la peinture et le cinéma. Contrairement à ce qu'on a bien voulu croire, il n'y a donc aucun renoncement politique derrière l'analyse du problème audiovisuel, mais au contraire une conscience aiguë du lieu où le combat politique doit être mené. Un entretien de 1976 sur Godard l'attestait déjà (*Pp*, p. 55-66). Alors, conformément aux deux versants de la critique, il s'agit de critiquer la civilisation du cliché (régime actuel de la représentation) pour lui arracher « une véritable image » (effort de création). Sous ces conditions, nous n'avons plus aucune raison d'accepter l'alternative qu'on prétend parfois imposer au dernier Deleuze : ou bien la philosophie s'occupe des créations de la pensée, ou bien elle s'occupe de politique (spiritualisme ou bien matérialisme). Au contraire, le problème porte désormais sur ce lien direct et secret entre les créations de la pensée et la résistance politique (spiritualisme = matérialisme).

I. – La lutte contre la communication et les clichés

Les deux volumes sur le cinéma forment un traité d'esthétique. L'esthétique a deux têtes : théorie de la sensation et théorie de l'art. De l'une à l'autre, il y a tout le trajet de la différence dans la pensée, depuis le signe sensible dans lequel elle s'engendre jusqu'au signe immatériel qu'elle invente pour exprimer l'Idée en tant que telle. Mais pourquoi choisir le cinéma pour exposer l'effectuation de la puissance de penser ? Quel rapport l'image cinématographique a-t-elle au mouvement de la pensée ? C'est que, tandis que la peinture doit employer des procédés spécifiques pour introduire le mouvement dans l'image et provoquer ainsi un ébranlement des nerfs et du cerveau, le mouvement est au cinéma une donnée immédiate de l'image, si bien qu'elle produit nécessairement un tel ébranlement. En ce sens, l'image cinématographique n'est pas une image parmi d'autres, elle est pour Deleuze le mode d'emploi des autres images. Le cinéma recueille ainsi l'essentiel des autres arts. Mieux, il manifeste le vrai mouvement de la pensée. Comme toujours chez Deleuze, il revient à l'art d'indiquer à la pensée une issue hors de la représentation.

1. **L'image-mouvement.** – Les études sur le cinéma s'inspirent explicitement de Bergson. Dans l'entretien sur Godard de 1976, Deleuze suggérait déjà deux choses : la possibilité de forger une théorie du cinéma à partir de la conception de l'image développée par Bergson au début de *Matière et mémoire* ; la nécessité de lui conférer une portée politique qui définit « notre réalité sociale aujourd'hui » (*Pp*, p. 63-64). En premier lieu, l'image désigne la chose en général définie comme mouvement : « Il n'y a aucune différence entre les images, les choses et le mouvement » (*Pp*, p. 62 ; *IM*, p. 86-88). Et la notion doit nécessairement s'entendre au pluriel, comme multiplicité acentrée d'images-mouvement en perpétuelle interaction, sans haut ni bas, ni droite ni gauche. L'image-mouvement précède la distinction entre l'objet matériel et la représentation mentale. Aussi est-elle tantôt présentée comme la propagation d'une lumière qu'aucun corps solide ne vient révéler (soit en l'absorbant soit en la réfléchissant), tantôt comme une pure conscience en droit, une imagination pure dépourvue de toute réflexivité. Manifestement, Deleuze retrouve ici le plan d'immanence qui constitue la base de l'empirisme, à la fois matière de l'être et image de la pensée. Seulement, il s'agit désormais

de montrer que l'agencement d'images-mouvements est *en droit* irréductible à un langage, sans quoi la pensée ne s'affranchirait pas de la représentation. Pour Deleuze en effet, le plan d'images-mouvements est un énonçable dans la mesure où les énoncés linguistiques en dérivent, mais, contrairement à ce que prétendent les sémiologues, il n'a pas par lui-même la forme d'une énonciation ou d'une narration : c'est une matière signalétique asignifiante et asyntaxique.

Conformément à l'inspiration empiriste, on demandera : comment un sujet se constitue-t-il sur ce plan qui ne le présuppose pas ? Avec Bergson, Deleuze répond : sur le plan d'images-mouvements, le sujet ou le cerveau est une image parmi d'autres, mais une image spéciale, centrée autour d'un intervalle qui s'insère entre le mouvement reçu (perception) et le mouvement restitué (action). Le sujet n'est donc pas quelque chose qui s'ajoute au donné, il suppose seulement l'apparition d'un écart ou d'un retard dans l'universelle communication du mouvement. C'est cet intervalle dans la succession des images qui constitue pour Deleuze le fil directeur de sa classification des images et des signes dans *Cinéma 1* et *Cinéma 2*. Ainsi, suivant les trois faces de l'intervalle, l'image-sujet se différenciera en trois variétés : une image-perception à une extrémité, pour la réception du mouvement dans une sensation externe ; une image-affection, pour son absorption et sa vibration dans l'intervalle ; une image-action à l'autre extrémité, pour la restitution du mouvement dans l'extériorité. L'agencement de ces trois variétés d'image forme un enchaînement sensori-moteur dont découle une trame narrative : le personnage est dans une certaine situation, il réagit d'après ce qu'il en perçoit et suivant la manière dont elle l'affecte. Pour Deleuze, cette trame constitue l'essentiel du cinéma classique, le montage se chargeant d'en faire varier les combinaisons. Et si cet agencement définit une époque du cinéma, celle d'avant-guerre, il désigne surtout un pôle du cinéma, un régime de l'image qui n'a évidemment pas disparu dans l'après-guerre.

Si le plan des images-mouvements n'a pas par lui-même la forme d'un langage, l'enchaînement sensori-moteur des images est en revanche assimilable à un langage. Comment l'expliquer ? Il y a d'abord une homogénéité formelle. Dans le langage, le sens n'est exprimé qu'indirectement, à travers l'association des signes dans l'énoncé, tandis que les signes ne reçoivent de valeur signifiante qu'à travers leur rapport aux autres signes, restant chacun une simple généralité. De même, dans le cinéma classique, le Tout qui change n'est exprimé qu'indirectement à travers l'enchaînement des images dans le montage, tandis que les images « risquent d'évoquer une généralité qui les ferait confondre avec un langage » (*IT*, p. 61). Il y a ensuite une complicité matérielle. Car tant que le rapport entre les images reste soumis à l'enchaînement sensori-moteur, le sujet est le support d'une communication du mouvement qui coïncide avec la production d'un comportement déterminé. Nous ne sortons pas du rapport de commandement et d'obéissance qui définit le langage en général, lequel « n'est même pas fait pour être cru, mais pour obéir et faire obéir » (*MP*, p. 96). Nous l'avons vu à propos du mot d'ordre. Un tel régime de l'image rend alors possible un asservissement de l'image, une prise de pouvoir sur l'image qui soustrait ce que nous ne devons pas en percevoir et dicte notre comportement.

2. **Les clichés et la communication.** – Si le plan d'images-mouvements rend possible un asservissement des images, celui-ci ne devient effectif qu'avec le cliché. Pour Deleuze, le cliché est une « image sensori-motrice de la chose », l'enchaînement qui mène de la perception de la chose à la réaction qu'elle provoque (image-perception, image-affection, image-action). C'est une représentation de la chose qui s'exprime dans un comportement. Des clichés, il faut dire trois choses à la fois. D'abord, ils renvoient à une *tendance naturelle* de la perception, qui tend toujours à soustraire de l'image ce qui ne nous intéresse pas : « Nous ne percevons pas la chose ou l'image entière, nous en percevons toujours moins, nous ne percevons que ce que nous sommes intéressés à percevoir, ou plutôt ce que nous avons intérêt à percevoir, en raison de nos intérêts économiques, de nos croyances idéologiques, de nos exigences psychologiques » (*IT*, p. 32). Ensuite, ils remplissent une *fonction positive*, celle de nous rendre la réalité supportable, de nous faire tolérer la puissante organisation de la misère et de l'oppression que nous subissons plus ou moins : « Et justement nous ne manquons pas de schèmes sensori-moteurs pour reconnaître de telles choses, les supporter ou les approuver, nous comporter en conséquence, compte tenu de notre situation, de nos capacités, de nos goûts. Nous avons des schèmes pour nous détourner quand c'est trop déplaisant, nous inspirer de la résignation quand c'est horrible, nous faire assimiler quand c'est trop beau » (*IT*, p. 31-32). Enfin, cette

deuxième fonction est inséparable d'une *fonction répressive* en tant que ces images mutilées supposent l'exercice d'un pouvoir qui coupe la pensée de ce qu'elle peut et induit des automatismes du comportement qui contribuent à la reproduction sociale. « Civilisation de l'image ? En fait, c'est une civilisation du cliché où tous les pouvoirs ont intérêt à nous cacher les images, non pas forcément à nous cacher la même chose, mais à nous cacher quelque chose dans l'image » (*IT*, p. 33). Dans cette civilisation, « même les réactions contre les clichés engendrent des clichés » (*FBLS*, p. 85).

La civilisation du cliché est le règne de la communication, dont Deleuze ne cesse de dénoncer le poids croissant dans les années 1980. La communication est définie par la transmission de l'information, elle-même définie comme un ensemble de mots d'ordres. Ainsi lorsqu'on nous informe, « on ne nous demande pas de croire mais de nous comporter comme si nous croyions », comme « dans les communiqués de police ou de gouvernement, qui se soucient peu de vraisemblance ou de véracité, mais qui disent très bien ce qui doit être observé et retenu » (*DRF*, p. 298-299 ; *MP*, p. 96). Si Deleuze dénonce la communication, c'est qu'elle constitue le cœur du régime de domination qui naît après-guerre et que Deleuze nomme « nouvel asservissement machinique » ou « contrôle ». C'est ce nouveau régime de la répression sociale qu'analysent les ouvrages consacrés au cinéma. Dans *L'Anti-Œdipe*, ces analyses trouvaient une première formulation à propos du fascisme hitlérien, matrice historique de l'auto-répression du désir (« les masses ont désiré le fascisme », « Hitler faisait bander les gens »). *Mille Plateaux* prolongeait cette idée avec l'hypothèse d'un micro-fascisme, suivant l'idée que « le désir n'est jamais séparable d'agencements complexes qui passent nécessairement par des niveaux moléculaires, micro-formations qui façonnent déjà les postures, les attitudes, les perceptions, les anticipations, les sémiotiques, etc. » et qui peuvent déterminer « le désir à être déjà fasciste », c'est-à-dire à désirer sa propre répression (*MP*, p. 262). Dans les études sur le cinéma, Deleuze reprend l'analyse en fonction de l'usage politique du cinéma par le régime nazi, mais aussi par les régimes soviétique et américain. Le cinéma, « qui ne devait pas se séparer d'une accession des masses au titre de véritable sujet, est tombé dans la propagande et la manipulation d'État, dans une sorte de fascisme qui unissait Hitler à Hollywood, Hollywood à Hitler » (*IT*, p. 214). Et en vertu de la possibilité d'assimiler l'image-mouvement à un langage assurant une fonction de commandement et d'obéissance, Deleuze suggère que le cinéma de l'image-mouvement n'a pas été détourné de son essence lorsqu'il est passé au service de la propagande d'État, mais que, déjà homogène au régime de l'information, il rendait lui-même possible un tel détournement, et le préparait à ce titre : « c'est dès le début que l'image-mouvement est liée à l'organisation de guerre, à la propagande d'État, au fascisme ordinaire, historiquement et essentiellement » (*IT*, p. 214).

En tout cela, l'essentiel est que le régime de communication de l'information qui se généralise après guerre ne circule pas seulement hors de nous mais passe également en nous. Les images nous informent, c'est-à-dire donnent forme à nos désirs, à nos perceptions, affections et actions, et constituent un pouvoir d'autant plus puissant qu'il s'insinue au niveau moléculaire. Pour Deleuze, l'évolution de la télévision et l'exemple des clips le prouvent assez : inhibée dans toutes ses potentialités créatives, la production audiovisuelle y est devenue pour Deleuze le champ de circulation de l'opinion, la fabrication sociale d'un cerveau adapté aux exigences du marché. Comment ne pas voir alors que l'âge de la communication de l'information marque une prise de pouvoir sur le cerveau, qui n'est qu'une image dans la chaîne des images ? On s'expliquerait mal, autrement, l'intérêt croissant de Deleuze pour les neurosciences. Certes, Deleuze renoue avec la question classique portant sur le rapport du cerveau à la vie et à la pensée. Mais cette question acquiert une portée politique une fois dit que les frayages des circuits cérébraux qui assurent les connexions sensori-motrices renvoient eux-mêmes à une fabrication sociale, en l'occurrence aux circuits préétablis des clichés de l'opinion. C'est pourquoi l'intérêt de Deleuze pour le cerveau ne se sépare pas d'une sévère critique du traitement que la science lui réserve. Car chaque fois que la science se donne le cerveau comme un objet constitué, elle prend pour un donné naturel ce qui est un produit de la répression sociale, elle confond le cerveau avec « un organe de formation et de communication de l'opinion » et en oblitère du même geste les potentialités créatrices (*QPh*, p. 197). C'est donc aussi à travers les figures du savoir le plus « objectif » que les clichés passent en nous et contribuent à notre asservissement.

3. **La fatigue ou « le fait moderne ».** – Au sortir de la Seconde Guerre mondiale cependant, le cinéma

classique entre dans une crise profonde, une crise de l'action. La perception de la situation est désormais coupée de son prolongement moteur, donnant lieu à des images optiques et sonores pures. « C'est que l'après-guerre en Europe a fait proliférer des situations auxquelles nous ne savions plus comment réagir, dans des espaces dont nous ne savions plus comment les qualifier. C'était des espaces "quelconques", déserts pourtant peuplés, entrepôts désaffectés, terrains vagues, villes en démolition ou reconstruction. Et dans ces espaces quelconques s'agitait une nouvelle race de personnages, un peu mutants : ils voyaient plutôt qu'ils n'agissaient, c'était des Voyants » (*DRF*, p. 329). Cette crise du cinéma d'action s'incarne d'abord dans le néo-réalisme italien (Rossellini, Visconti, De Sica), lorsque les perceptions et affections des personnages n'entraînent plus de réponse motrice. « Soit l'étrangère dans *Stromboli* : elle passe par la pêche au thon, l'agonie du thon, puis l'éruption du volcan. Elle n'a pas de réaction pour cela, pas de réponse, c'est trop intense : "Je suis finie, j'ai peur, quel mystère, quelle beauté, mon Dieu..." Ou la bourgeoise d'*Europe 51* devant l'usine : "J'ai cru voir des condamnés..." C'est cela la grande invention du néo-réalisme : on ne croit plus tellement aux possibilités d'agir sur des situations, ou de réagir à des situations, et pourtant on n'est pas du tout passif, on saisit ou on révèle quelque chose d'intolérable, d'insupportable, même dans la vie la plus quotidienne. C'est un cinéma de Voyant » (*Pp*, p. 74). Il est clair que, pour Deleuze, la voyance ne renvoie pas à un écroulement du schème sensori-moteur (impossibilité d'agir) sans constituer en même temps l'accès à une autre dimension de l'image (perception de l'intolérable). Pourtant, ces situations de voyance ne suffisent pas encore à produire la nouvelle image, à engendrer la nouvelle pensée. À l'inflation de la perception et de l'affection ne correspond encore qu'une suspension de l'action. Nous percevons l'intolérable sans savoir y répondre. Le lien de l'homme et du monde est rompu.

Pour Deleuze, cette rupture constitue en tout cas « le fait moderne » (*IT*, p. 223). Nous ne croyons plus en ce monde, car nous ne croyons plus aux images qui l'animaient et qui nous reliaient à lui, vulgaires images de papier. Les images et les paroles ont été pourries par la communication. Nous ne croyons plus à ce que nous voyons et entendons. Le monde nous apparaît désormais comme un mauvais film. L'assujettissement des masses par le fascisme, l'unité populaire tyrannique du stalinisme, la décomposition du peuple américain, la prise de conscience des minorités dans le tiers monde, l'échec des révolutions mondiales de 1968 ont compromis notre croyance au monde. D'une part, nous ne croyons plus à une nouvelle terre, c'est plutôt notre capacité à habiter la seule que nous ayons qui est mise en question. Comme dit Nietzsche, « l'homme n'habite que le côté désolé de la Terre ». Tel est, à la lettre, le résultat de la longue histoire du capitalisme, dont Guattari cherchera à prendre la mesure dans *Les Trois Écologies* [1] : une destruction croissante des territoires existentiels. Et d'autre part, nous ne croyons plus à un peuple qui devrait prendre conscience de lui-même,

1. Voir F. Guattari, *Les Trois Écologies*, Paris, Galilée, 1989.

peuple idéal à réaliser ou peuple décomposé à unifier. Comme dit Klee, « le peuple manque ». Deleuze nomme « fatigue » cet état subjectif caractéristique de la modernité. Disposition subjective issue des catastrophes du XXe siècle, la fatigue ne désigne pas une absence de possibles, mais une incapacité subjective à les actualiser, une puissance de transformation séparée de ce qu'elle peut, une paralysie de la volonté (*E*, p. 57). Ainsi, les enfants de Mai 68 : « Ils sont bizarrement indifférents, et pourtant très au courant. Ils ont cessé d'être exigeants, ou narcissiques, mais savent bien que rien ne répond actuellement à leur subjectivité, à leur capacité d'énergie » (*DRF*, p. 217). Même l'amitié est contaminée par une certaine méfiance, toutes les alliances sont devenues problématiques. Et pour Deleuze, ce qui est vrai des enfants de Mai l'est aussi du monde entier. Comment susciter alors une nouvelle croyance en une terre et en un peuple à venir, une nouvelle confiance qui ne réveille pas les vieilles lunes messianiques, la foi religieuse ou la foi humaniste ? Bref, comment faire de la Terre un lieu de guérison ?

II. – La création comme résistance politique

La lutte contre la communication et les clichés se dépasse nécessairement dans un moment positif ou créateur. La première tâche, c'est faire que nous percevions plus, que la perception s'égale à l'image : on ne devient pas voyant sans rendre visible ce qui était encore invisible dans l'image. C'est aussi extraire de l'information un acte de parole pur irréductible à toute information, arriver à parler sans donner des ordres, sans prétendre représenter quelque chose ou quelqu'un : on ne fabule pas sans arriver à faire parler ceux qui n'ont pas le droit, à faire entendre ces peuples qui sont réduits au silence, en nous et hors de nous. La première tâche, voir et entendre, ne se sépare donc pas d'une seconde : invoquer et former un peuple et une terre à venir, qui puissent répondre à l'intolérable. Sous toutes ces formes, la pensée ne crée pas de nouvelles manières de sentir et de vivre sans engager une guérilla contre les puissances sociales. Les créations de la pensée sont des machines de guerre contre les religions, les États, le capitalisme, la télévision.

1. **L'image-temps et le cristal.** – La première tâche se confond avec l'enjeu de *L'Image-Temps*. L'analyse de *L'Image-Mouvement* s'achevait sur un problème : comment l'image peut-elle échapper au monde des clichés, du langage, et instaurer un nouveau régime audiovisuel ? La crise de l'action qui secouait le cinéma classique au sortir de la guerre donnait lieu à une image optique et sonore pure. Ces situations coupées de leur prolongement moteur rendaient possible un nouveau régime de l'image et des signes, sans pourtant suffire à l'instaurer. Il faut encore que l'image désenchaînée entre en relation avec d'autres forces, capables de la soustraire au monde des clichés et du langage. Pour Deleuze, ce renversement ne s'opère qu'avec « l'image-cristal », « l'image-temps » : là, l'image actuelle (image optique et sonore pure) entre désormais en rapport avec sa propre image virtuelle, les deux cristallisant au point de constituer une image biface où elles deviennent objectivement

indiscernables. Ainsi lorsque, voyant les ouvriers entrer dans l'usine, l'héroïne d'*Europe 51* déclare « J'ai cru voir des condamnés », il ne s'agit pas d'une ressemblance métaphorique entre l'usine et la prison, mais d'une vision hallucinée où le réel ne se distingue plus de l'imaginaire. L'usine devient à la lettre une prison, et la prison, une usine. L'image saute hors de la chaîne et laisse désormais monter à sa surface tout ce que les clichés et le pouvoir nous dissimulaient, montrant par exemple « en quoi et comment l'école est une prison, les grands ensembles, des prostitutions, les banquiers, des tueurs, les photographes, des escrocs, littéralement, sans métaphore » (*IT*, p. 32).

L'image-cristal est une image-temps. Le rapport de subordination du temps au mouvement s'inverse. En effet, ce n'est plus le mouvement des images qui produit une représentation indirecte du temps par le biais du montage, c'est le temps qui se présente directement dans l'image comme la forme immuable de ce qui change. L'image donne maintenant à voir l'essence du temps comme pure scission en deux jets, un présent qui passe et un passé qui se conserve, l'actuel et le virtuel. « Le temps consiste dans cette scission, et c'est elle, c'est lui qu'on voit dans le cristal » (*IT*, p. 109). S'instaure le nouveau régime des images et des signes, le « régime cristallin » qui constitue la seconde dimension de la sémiotique pure, enfin affranchie du langage. Dans le régime précédent, l'intervalle assurait la communication du mouvement : c'est le mouvement qui constituait la matière corporelle des images et des signes, lesquels restaient assimilables à un langage parce que la chaîne signifiante conservait un primat sur les signes eux-mêmes ; mais dans le nouveau régime, l'intervalle se met à valoir pour lui-même, si bien que c'est le temps qui constitue désormais la matière incorporelle des images et des signes, qui deviennent de pures singularités autonomes indiscernables de leur image virtuelle. Sous toutes ses formes, le concept de cristal accomplit l'exigence générale que Deleuze formulait dans *Proust et les signes*, celle d'exprimer l'essence comme « unité d'un signe immatériel et d'un sens tout spirituel ». Comme en témoigne l'ultime texte de Deleuze publié de manière posthume (*D*, p. 179-185), le concept de cristal désigne l'effectuation locale de la puissance de penser, l'accomplissement du système de l'expression en un point : il est une manifestation de l'absolu ou de la pure différence dans un corps devenu transparent, comme une réfraction de la Lumière en de pures figures lumineuses.

Mais si les images et les signes sont désenchaînés, comment entrent-ils en rapport dans l'œuvre ? Quelle cohérence supérieure peut s'établir entre de tels signes ? L'association sensori-motrice laisse place à une relation entre images qui s'opère par-dessus la fissure qui les sépare. L'interstice prend le pas sur l'association, le non-rapport devient le nouveau mode de relation, la disjonction se fait principe synthétique : ainsi des faux raccords dans la Nouvelle Vague. On ne croira pas pour autant que la mise en relation des images soit désormais livrée à l'arbitraire. Il y a au contraire une nouvelle méthode, « méthode du ENTRE » ou « méthode du ET » par laquelle s'opère un ré-enchaînement par-dessus la coupure. Ainsi chez Godard : « Une image étant donnée, il s'agit de choisir une autre image qui induira un interstice *entre* les deux. Ce n'est pas une opération d'association, mais de différentiation, comme disent les mathématiciens, ou de disparation, comme disent les physiciens : un potentiel étant donné, il faut en choisir un autre, non pas quelconque, mais de telle manière qu'une différence de potentiel s'établisse entre les deux, qui soit producteur d'un troisième ou de quelque chose de nouveau » (*IT*, p. 234). Traversé par une fissure centrale, le nouveau régime de l'image prend pour objet direct la rupture du lien de l'homme et du monde, forme contemporaine de l'impuissance d'agir et de penser : « S'il est vrai que la pensée dépend d'un choc qui la fait naître, elle ne peut penser qu'une seule chose, le fait que nous ne pensons pas encore, l'impuissance à penser le tout comme à se penser soi-même, pensée pétrifiée, disloquée, effondrée » (*IT*, p. 218). Ce n'est plus la même pensée, ni le même cerveau.

2. **La limite commune des créations de la pensée.** Le concept de cristal définit la nature de l'image audiovisuelle lorsqu'elle est portée à la déterritorialisation absolue. Conformément au problème qui restait ouvert à la fin de *Mille Plateaux*, et dans le droit fil du concept d'agencement, le rapport du visible et de l'énonçable constitue l'un des fils directeurs de la dernière partie de l'œuvre deleuzienne : ainsi de la peinture du cri dans l'étude sur Bacon, du rapport audiovisuel dans *Cinéma 1* et *Cinéma 2*, de l'entrelacement du visible et de l'énonçable dans *Foucault*, du pli de la matière et de l'âme dans le livre sur Leibniz, du rapport entre science, art et philosophie dans *Qu'est-ce que la philosophie ?*, ou encore de la relation de l'écriture littéraire à des auditions et visions non

langagières dans *L'Épuisé* et dans *Critique et clinique*. Sous tous ces aspects, Deleuze montre comment chaque discipline, au plus profond de sa création propre, dans sa recherche la plus intérieure, entre en rapport avec le Dehors où elle communique directement avec toutes les autres. Au cinéma, la limite de l'image sonore et de l'image optique rapporte les deux faces de l'agencement l'une à l'autre, telle que « ce que la parole profère, c'est aussi bien l'invisible que la vue ne voit que par voyance, et ce que la vue voit, c'est ce que la parole profère d'indicible » : se constitue ainsi une image audio-visuelle, « d'autant plus pure que la nouvelle correspondance naît de leur non-correspondance : c'est la limite de chacune qui la rapporte à l'autre » (*IT*, p. 340). Et plus généralement, quoique chaque discipline ait son mouvement et ses problèmes propres, il y a une limite commune à toutes, « des points d'indiscernabilité où la même chose pourrait s'exprimer dans une image picturale, un modèle scientifique, une image cinématographique, un concept philosophique » (*DRF*, p. 197). Toute la dernière période de l'œuvre deleuzienne est hantée par cette limite commune aux différentes créations de la pensée, limite qui les rapporte les unes aux autres sans pourtant qu'elles ne se confondent jamais.

« La tâche que j'aurais souhaité remplir, dans ces livres sur le cinéma, [c'est] essaimer des cristaux de temps. C'est une opération qui se fait dans le cinéma, mais aussi dans les arts, dans les sciences, dans la philosophie » (*Pp*, p. 95). Cette tâche amorcée dans les études sur le cinéma se trouve remplie dans *Qu'est-ce que la philosophie ?*. Confrontant les créations respectives de la philosophie, des sciences et de l'art, Deleuze y montre comment l'expression de l'Idée dans des signes lutte sur un double front : contre la folie et la bêtise, ou ce qui revient au même contre le chaos et l'opinion. Certes, le penseur demande un peu d'ordre pour le protéger du chaos, car « rien n'est plus douloureux, plus angoissant qu'une pensée qui s'échappe à elle-même, des idées qui fuient, qui disparaissent à peine ébauchées, déjà rongées par l'oubli ou précipitées dans d'autres que nous ne maîtrisons pas davantage » (*QPh*, p. 189). Et tel est bien le chaos, qui désigne les vitesses infinies du champ virtuel, où les éléments disparaissent à peine ébauchés, incapables d'entrer dans des rapports déterminés. Toutefois, la lutte contre le chaos est pour le penseur l'instrument d'une lutte plus profonde contre l'opinion, qui ne nous protège pas du chaos sans nous faire tomber dans la bêtise de la représentation. Mais comment donner une consistance au chaos ? Comment lui donner une forme pensable et ainsi le sauver pour nous ? « Le chaos chaotise, et défait dans l'infini toute consistance. Le problème de la philosophie est d'acquérir une consistance, sans perdre l'infini dans lequel la pensée plonge (le chaos à cet égard a une existence mentale autant que physique). *Donner consistance sans rien perdre de l'infini* » (*QPh*, p. 45). Telle est l'exigence qui conduit le penseur à plonger dans le chaos pour en arracher de purs cristaux.

Mais comment la philosophie accomplit-elle cette exigence ? Qu'est-ce que la philosophie ? La réponse de Deleuze à la question n'a jamais varié : « La philosophie est l'art de former, d'inventer, de fabriquer des concepts » (*QPh*, p. 8). Cette création philosophique comporte trois aspects complémentaires : le tracé d'un plan d'immanence qui traverse le chaos, la fabrication de concepts comme fragments arrachés au chaos, et l'invention de personnages conceptuels comme agents d'énonciation enveloppés dans les concepts. Le plan d'immanence est le plan de Nature-Pensée, la matière de l'être ou l'image de la pensée propre à l'empirisme : un absolu illimité à deux faces qui coïncide avec la distribution nomade de toutes les singularités qui peuplent l'Idée (ainsi du plan bergsonien d'images-mouvements au début de *Matière et mémoire*). S'il diffère du chaos, c'est que les rapports entre éléments virtuels y sont devenus déterminables. Les concepts sont les signes spécifiques de la pensée philosophique : des absolus locaux qui cristallisent un certain nombre d'éléments virtuels sur le plan d'immanence (par exemple douter, penser et être comme composantes du concept cartésien de Cogito). Ce sont des fragments de chaos en ce sens que les éléments virtuels y deviennent inséparables, entrent dans des relations déterminées. Enfin, les personnages conceptuels sont les intercesseurs correspondant aux concepts créés sur le plan d'immanence, les points de vue enveloppés dans cette double création : des manifestations des devenirs de la pensée qui sont les hétéronymes du penseur, les véritables agents de l'énonciation philosophique (ainsi le Socrate de Platon, le Zarathoustra de Nietzsche, l'Idiot de Cuse, l'Épuisé de Deleuze, etc.). Mais en quoi les créations de la pensée ont-elles une portée politique ? En quoi la création philosophique, par exemple, est-elle un acte de résistance au présent ?

3. **Les créations de la pensée comme acte de résistance.** – Si la réponse de Deleuze à la question « Qu'est-ce que la philosophie ? » n'a jamais varié, elle ne se sépare pourtant pas d'un diagnostic de l'actualité : « Il ne fallait pas seulement que la réponse recueille la question, il fallait aussi qu'elle détermine une heure, une occasion, des circonstances, des paysages et des personnages, des conditions et des inconnues de la question » (*QPh*, p. 8). « Qu'est-ce que la philosophie ? » signifie donc en même temps : « Qu'est-ce que la philosophie *aujourd'hui*, et à quoi sert-elle ? » Aussi, lorsque Deleuze interroge la naissance de la philosophie, il s'agit surtout de déterminer les conditions de son éternel retour.

Pourquoi la philosophie naît-elle en Grèce au VIe siècle avant Jésus-Christ ? C'est que s'y opère la conjonction de deux mouvements de déterritorialisation : l'un, relatif, où la cité comme milieu d'immanence produit l'ami comme individu ayant goût pour l'opinion ; l'autre, absolu, qui définit la pensée-Être ou la pensée-Nature produite par l'instauration d'un plan d'immanence. Premièrement, les cités procèdent à une déterritorialisation relative, non pas de transcendance comme les États (souveraineté impériale), mais d'immanence (pure sociabilité). Les trois conditions de fait de la philosophie sont le résultat de cette déterritorialisation : le milieu d'immanence, l'ami et l'opinion constituent une terre, un peuple et les formes mentales que produit leur rapport. Mais pour que la philosophie naisse, il est nécessaire, deuxièmement, que la déterritorialisation relative des cités grecques se voie relayée par la déterritorialisation absolue du plan d'immanence. La seconde porte à l'infini les composantes de la première : le milieu d'immanence devient plan d'immanence (nouvelle terre), l'ami devient personnage conceptuel (nouveau peuple) et l'opinion devient concept (événement). La naissance de la philosophie en Grèce résulte de « la rencontre de l'ami et de la pensée ».

Mais pourquoi la philosophie survit-elle à la Grèce ? Il aura fallu que se produise à nouveau en Europe la conjonction d'un mouvement de déterritorialisation absolu du plan d'immanence avec l'émergence contingente d'un autre mouvement de déterritorialisation relatif, plus puissant que celui des cités grecques : le capitalisme. Deleuze et Guattari peuvent alors faire jouer les deux combinaisons en miroir : le capitalisme et la philosophie moderne d'un côté, la cité et la philosophie grecque de l'autre. Chaque combinaison ne consiste pas en une structure stable et inoffensive (l'ami, la pensée), mais en une puissante dynamique de propagation des foyers d'immanence, laquelle n'est pas exempte des processus hégémoniques les plus violents, où les différentes phases de l'accumulation primitive (occidentale, coloniale) répondent à la thalassocratie grecque. « Ce n'est pas une suite de la tentative grecque, mais une reprise à une échelle précédemment inconnue, sous une autre forme et avec d'autres moyens, qui relance pourtant la combinaison dont les Grecs eurent l'initiative, l'impérialisme démocratique, la démocratie colonisatrice » (*QPh*, p. 93). Le capitalisme ou la nouvelle Athènes.

Parce qu'il procède à une déterritorialisation horizontale relative, le milieu d'immanence favorise l'existence de l'activité philosophique, sans pouvoir cependant s'en soumettre les finalités. La philosophie naît et se nourrit de la société des amis (grecque ou capitaliste), mais elle n'est pas à son service, visant des fins qui la dépassent. La création philosophique vient ainsi accomplir la tâche politique de *Capitalisme et schizophrénie*, celle d'un mouvement de déterritorialisation absolue, d'une pure révolution immanente qui retourne le procès capitaliste contre lui-même et accomplit la critique. « La philosophie ne trouve aucun refuge ultime dans la communication, qui ne travaille en puissance que des opinions, pour créer du "consensus" et non du concept » (*QPh*, p. 11-12). La philosophie en appelle à une nouvelle terre, non pas celle de l'économie-monde mais celle d'un pur plan d'immanence où toutes les singularités libres et non liées se déploient librement ; elle en appelle à un nouveau peuple, non pas le type psycho-social des sociétés démocratiques capitalistes des Droits de l'homme mais les personnages conceptuels, sujets et populations moléculaires qui pensent en nous ; et ce double appel trouve sa réponse dans la construction de concepts, qui ne vise pas plus un objet qu'elle ne témoigne pour un sujet, et qui déborde toute opinion.

4. **Le devenir-révolutionnaire.** – Quel corps social correspond aux créations de la pensée ? Ou, plus précisément, comment actualiser le peuple et la terre à venir sans dénaturer leur puissance intempestive, leur puissance de métamorphose ? Tel est le problème que désignait le concept de fatigue, cette incapacité à faire passer la production sociale au service de la production désirante, cette impuissance à croire en ce monde comme lieu de guérison. Mais justement, parce qu'il

instaure de nouvelles connexions, crée un nouveau lien qui nous rattache au monde, le devenir-révolutionnaire suscite la croyance manquante, appelle un nouveau peuple, invoque une nouvelle terre. Les multiples diagnostics que Deleuze ne cesse de porter sur l'actualité à la fin de son œuvre n'eurent pas d'autre fonction : repérer les lignes de fuite qui traversent le champ social et qui offrent une chance pour de tels devenirs. Car en même temps que nous devenons, nous dressons les forces subjectives nécessaires à la conversion, nous formons la subjectivité politique adéquate à la transmutation ou à la révolution. Le devenir ranime les gens fatigués.

Pourtant, quel sens peut avoir cette société des amis, sous la condition de la méfiance, de la fatigue ? Non pas la *philia* antique, où l'amitié se noue entre semblables, ni l'*agapè* chrétienne, où l'amour s'ouvre à tous, même à l'ennemi. Car, outre que l'égalité des Grecs réclame une innocence que nous n'avons plus, devenus trop méfiants, outre que l'amour chrétien témoigne d'un renoncement au combat plutôt que d'un goût pour la rivalité, la différence reste dans les deux cas soumise à l'identité, soit qu'elle reste relative sous la condition du semblable, soit qu'elle devienne universelle dans l'amour du prochain. Or, le sens moderne de l'amitié, de la fraternité ou de la camaraderie, ne réduit pas la différence à l'identité, qu'elle soit relative ou universelle, mais en fait un principe de mise en relation. Tel est pour Deleuze le sens du pragmatisme américain, en philosophie et en littérature (James, Melville, Whitman) : la communauté est une connexion de fragments sans totalisation, patchwork, archipel ou mur de pierres sèches, « où chaque élément vaut pour lui-même et pourtant par rapport aux autres » (*CC*, p. 110-111). La communauté de ceux qui n'ont pas de communauté, la communauté de l'homme sans terre et sans peuple, se pose sous un double principe d'archipel et d'espérance : d'archipel, car ce sont des singularités comme telles qui entrent en rapport ; d'espérance, car elles entrent bien en rapport, à la mesure de la confiance qu'elles se portent mutuellement. « Le problème collectif alors, c'est d'instaurer, trouver ou retrouver le maximum de connexions [...] dont une société est capable, les flux qu'elle supporte, invente, laisse ou fait passer » (*CC*, p. 69-70).

On ne croira pas que la société des amis réveille une conception messianique de l'histoire, foi religieuse ou humaniste, chrétienne ou révolutionnaire. Car la nouvelle espérance, la croyance pragmatiste suppose au contraire une « conversion de la croyance », qui ne s'adresse plus à un autre monde ou à un monde transformé (*IT*, p. 224). La croyance porte désormais sur ce monde-ci, non pas tel qu'il est ou tel qu'il peut être, mais en tant que possibilité de créer de nouvelles connexions, de nouvelles manières de sentir et de penser, de nouvelles possibilités de vie qui nous relient au monde. On ne croira pas non plus que le combat contre les puissances sociales est vain parce que trop inégal, et parce que les révolutions tournent mal et sont trahies lorsqu'elles retombent dans l'histoire. Car la question n'est pas là. L'objection elle-même suppose encore une conception téléologique de l'histoire. Or, l'essentiel est que le devenir-révolutionnaire des gens est un événement intempestif qui contient son sens en lui-même. Aussi, bien qu'il arrive à la révolution ou à la philosophie de se reterritorialiser sur des formes transcendantes (la révolution sur des utopies autoritaires, la pensée sur les figures de la sagesse), elles demeurent en droit de purs événements hétérogènes aux états de choses et aux énoncés dans lesquels elles s'effectuent. Que les révolutions soient finalement trahies n'enlève donc rien au devenir-révolutionnaire. D'abord, parce que le devenir-révolutionnaire trouve son but en lui-même, parce que « la victoire d'une révolution est immanente, et consiste dans les nouveaux liens qu'elle instaure entre les hommes, même si ceux-ci ne durent pas plus que sa matière en fusion et font vite place à la division, à la trahison » (*QPh*, p. 167). Ensuite et surtout, parce que « la seule chance des hommes est dans le devenir-révolutionnaire, qui peut seul conjurer la honte, ou répondre à l'intolérable » (*Pp*, p. 231).

BIBLIOGRAPHIE INDICATIVE

OUVRAGES D'INTRODUCTION

Bouaniche A., *Gilles Deleuze, une introduction*, Paris, Pocket, 2007.
Lapoujade D., *Deleuze, les mouvements aberrants*, Paris, Minuit, 2014.
Zourabichvili F., *Le Vocabulaire de Deleuze*, Paris, Ellipses, 2003.

ÉTUDES

Cherniavsky A., *Concept et méthode. La conception de la philosophie de Gilles Deleuze*, Paris, Publications de la Sorbonne, 2012.
Cornibert N., Goddard J.-C. (dir.), *Ateliers sur L'Anti-Œdipe*, Milan et Genève, Mimesis et MetisPresses, 2008.
Gelas B. et Micolet H. (dir.), *Deleuze et les écrivains. Littérature et philosophie*, Nantes, Cécile Defaut, 2007.
Sauvagnargues A., *Deleuze. L'empirisme transcendantal*, Paris, Puf, 2009.
Sibertin-Blanc G., *Deleuze et l'Anti-Œdipe*, Paris, Puf, 2010.
–, *Politique et État chez Deleuze et Guattari*, Paris, Puf, 2013.
Zabunyan D., *Gilles Deleuze. Voir, parler, penser au risque du cinéma*, Paris, Presses Sorbonne Nouvelle, 2006.
Zourabichvili F., Sauvagnargues A., Marrati P., *La Philosophie de Deleuze*, Paris, Puf, 2004.

TABLE DES MATIÈRES

Cet ouvrage a été mis en pages par JOUVE
1, rue du Docteur-Sauvé – 53101 Mayenne

Imprimé en France
par la Nouvelle Imprimerie Laballery
rue Louis Blériot 58500 Clamecy
août 2015 - N° 507308

La Nouvelle Imprimerie Laballery est titulaire de la marque Imprim'Vert®